高等职业教育

基础会计综合模拟实训

（附空白账表）

JICHU KUAIJI ZHONGHE MONI SHIXUN

新准则 新税率

主 编 张 薇
副主编 陈文菁 廖子乐
费含笑 汤有贤

新形态教材

·本书另配：教学大纲
教学课件
教 案
微课视频
习题答案

中国教育出版传媒集团
高等教育出版社·北京

内容提要

本书是高等职业教育实训创新教材。本书遵循教育部最新发布的《高等职业学校专业教学标准》中对本课程的要求，根据最新的税收法规和会计准则等撰写而成。

本书采用“项目教学”和“任务驱动”的实践教学模式，以制造企业业务、财务数据产生的实务仿真场景为例，为学生提供了包含完整的会计循环的实训业务，有助于学生对业务、财务数据形成系统、整体的认知。本书分为上、下两篇，上篇包含了基础会计综合模拟实训准备、了解模拟实训企业、建账、填制和审核凭证、登记账簿、试算平衡、编制会计报表七个教学项目；下篇是若干经济业务的原始凭证，并附有空白账表，共同形成一个完整的会计循环。为利便教学，本书另配有教学大纲、教学课件、教案、习题答案等教学资源，为老师开展教学提供便利。

本书既可作为高等职业院校财经商贸大类相关课程的教学用书，也可作为社会人士的培训用书。

图书在版编目(CIP)数据

基础会计综合模拟实训 / 张薇主编. —北京：高等教育出版社，2022.8

ISBN 978-7-04-059009-8

Ⅰ.①基… Ⅱ.①张… Ⅲ.①会计学-高等职业教育-教材 Ⅳ.①F230

中国版本图书馆 CIP 数据核字(2022)第 130687 号

策划编辑 毕颖娟 李 晶 责任编辑 李 晶 蒋 芬 封面设计 张文豪 责任印制 高忠富

出版发行 高等教育出版社
社 址 北京市西城区德外大街 4 号
邮政编码 100120
印 刷 江苏德埔印务有限公司
开 本 889mm×1194mm 1/16
印 张 22.5
字 数 488 千字
购书热线 010-58581118
咨询电话 400-810-0598
网 址 http://www.hep.edu.cn
http://www.hep.com.cn
网上订购 http://www.hepmall.com.cn
http://www.hepmall.com
http://www.hepmall.cn
版 次 2022 年 8 月第 1 版
印 次 2022 年 8 月第 1 次印刷
定 价 54.00 元

物 料 号 59009-00

前　　言

在“大智移云物区”等信息技术被引入会计领域后，会计实务面临着巨大变革，财务数据的统计口径更加细化，业务、财务数据的采集、挖掘成为企业财务工作的重要组成部分。在现代化信息手段、各类智能财务平台运用于会计实践后，会计信息可通过财务机器人、智能财务等平台生成，虽然能较大提高业务处理的效率，但学生要理解会计信息的处理过程、形成对业务与财务的感性认识、掌握会计报表的生成原理，仍需要通过综合模拟实训来实现。

基础会计综合模拟实训教学，首先，能够让学生夯实基础会计理论，建立起企业的各类业务与会计循环的完整逻辑；其次，能强化学生对企业业务、财务数据的敏感性，让学生掌握初始业务、财务数据的采集源；再次，能让学生掌握经济业务的判断、账务处理、分类记账以及报表编制等系列方法与技能，为后续财务会计、智能财务、大数据财务分析、管理会计、业财一体化、财务共享中心实务、云财务等课程打下坚实的基础。

本教材的编写，我们力求突出以下特色：

(1) 思政教育，铸魂育人。本教材将思政教育与知识、技能传授相融合，将“脚踏实地的苦干精神”“精益求精的工匠精神”“追求卓越的求索精神”等思政元素融入每一个实训项目的设计，融入职业素养的培育，使思政教育深入、渗透到每一个实际操作的环节中。

(2) 岗课赛证，理实结合。本教材将实训分为出纳岗、一般会计岗和总账岗，形成了以岗位为中心、结合赛证内容的实训课程的新形态。通过突出三类岗位的不同特点和任务，使学生有机会体验不同角色的工作场景和工作内容，为其规划职业生涯提供前瞻性的参考。同时，为参加“初级会计实务”考试奠定坚实基础，真正实现课堂“以学生为中心”，岗、课、赛、证有机融合。

(3) 校企合作，案例真实。本教材以空气净化器制造企业为例形成综合案例，为学生提供了制造企业业务、财务数据产生的实务仿真场景，所附企业一个月业务的会计业务票据凭证力求复刻现实，最大化模拟场景的真实性，通过采购、生产、销售的实账操作，有助于学生对业务财务数据形成系统、整体的感性认识。

(4) 资源丰富，利教便学。本教材以动画的方式进行实训讲解，为学生提供直观、生动的指引，扫描二维码即可获取视频讲解内容，实现了教材的立体化。为利便教学，本教材另配有教学大纲、教案、教学课件、习题答案等教学资源，为教师开展教学提供了便利。

本教材不仅适用于高等职业院校大数据与会计专业、大数据与财务管理专业、大数据与审计专业、信用管理等财经商贸专业的学生使用,也适用于非会计专业学生培训学习使用。

本教材由浙江金融职业学院张薇担任主编,陈文菁、廖子乐、费含笑、汤有贤担任副主编,郭梦婷参与编写,杭州芯正微电子有限公司财务总监汤有贤担任顾问并参与课程资源建设,厦门科云信息科技有限公司数智化产品部经理黄秋香为本教材原始凭证制作提供了技术支持。编写团队具有丰富的会计相关课程一线教学经验、企业会计从业经验和会计研究经验。具体编写分工如下:张薇、廖子乐负责项目一至项目八的编写,陈文菁负责经济业务原始凭证的制作,费含笑、郭梦婷、汤有贤负责本教材电子教学资源的编写,张薇负责全书框架设计、大纲拟定、书稿审阅、校订和定稿工作。

在本教材的编写过程中,我们参阅了国内外大量的文献和资料,在此,对所有基础会计综合实训教学改革领域的专家致以最诚挚的谢意!

本教材力求完善,但由于时间仓促,难免存在疏漏或不足之处,恳请各位专家、学者和广大读者不吝赐教,共同推动教材的更新完善!

张　薇

2022 年 8 月

目　录

上篇　基础会计综合模拟实训教程

项目一　基础会计综合模拟实训准备 …… 3
一、基础会计综合模拟实训的教学目标与意义 …… 3
二、基础会计综合模拟实训的流程、任务与参考学时 …… 4
三、实务中财务岗位分工与实训分组 …… 6
四、基础会计综合模拟实训的教学要求与实训成绩考评 …… 7
五、基础会计综合模拟实训需要准备的材料 …… 8

项目二　了解模拟实训企业 …… 9
一、模拟实训企业的基本情况 …… 9
二、模拟实训企业会计核算制度 …… 10
三、模拟实训企业的业务活动 …… 11

项目三　建账 …… 13
一、建账流程 …… 13
二、建账的方法 …… 13
三、建账数据与账簿资料 …… 16

项目四　填制和审核凭证 …… 23
一、熟悉凭证的类别 …… 23
二、审核原始凭证 …… 24

三、填制原始凭证 …… 25
四、填制记账凭证 …… 26

项目五 登记账簿 …… 27
一、登记账簿的规则 …… 27
二、登记库存现金日记账和银行存款日记账 …… 28
三、登记主要明细账 …… 28
四、编制科目汇总表和登记总账 …… 30
五、结账 …… 31

项目六 试算平衡 …… 33
一、试算平衡的基本原理 …… 33
二、余额与发生额试算平衡的步骤 …… 33
三、试算不平衡的原因与应对技巧 …… 34

项目七 编制会计报表 …… 35
一、会计报表编制的流程 …… 35
二、资产负债表的编制 …… 35
三、利润表的编制 …… 37

项目八 完成实训 …… 39
一、实训资料归档 …… 39
二、撰写实训报告 …… 40
三、提交实训成果 …… 40

下篇 基础会计综合模拟实训资料

一、杭州永兴公司 2021 年 12 月份的经济业务原始凭证 …… 43
二、基础会计综合模拟实训用会计资料及封皮 …… 161

资源导航

动画视频：基础会计综合模拟实训准备 …… 3
动画视频：了解模拟实训企业 …… 9
动画视频：企业建账 …… 13
动画视频：填制与审核凭证 …… 23
动画视频：登记账簿 …… 27
动画视频：试算平衡 …… 33
动画视频：编制会计报表 …… 35
实操视频：凭证的手工穿线装订方法 …… 39
实操视频：凭证的铆管装订方法 …… 39

上　　篇

基础会计综合模拟实训教程

项目一　基础会计综合模拟实训准备

实训任务：

(1) 了解基础会计综合模拟实训的教学目标与意义。

(2) 熟悉基础会计综合模拟实训的流程、内容、学时分布。

(3) 了解实务中财务岗位分工与实训分组。

(4) 了解基础会计综合模拟实训的教学要求与实训成绩考评标准。

(5) 了解基础会计综合模拟实训需要准备的材料。

动画视频：基础会计综合模拟实训准备

一、基础会计综合模拟实训的教学目标与意义

基础会计综合模拟实训是大数据与会计、大数据与财务管理、大数据与审计等财经专业学生职业能力培养的技能训练核心课程。基础会计是实务性非常强的一门课程，不仅需要掌握好会计的基本原理、复式记账的规则，更需要通过技能训练，使学生能系统地掌握会计实务、企业财务大数据采集、挖掘所必不可少的基础知识与技能。具体而言，通过基础会计综合模拟实训，学生能掌握以下会计技能：

(1) 建账。

(2) 填制和审核原始凭证、记账凭证。

(3) 登记明细账。

(4) 编制科目汇总表并登记总账。

(5) 进行试算平衡。

(6) 编制会计报表。

除此以外，学生还应强化对以下企业业务、财务数据及其采集源的认知：

(1) 筹资业务与财务数据。

(2) 投资业务与财务数据。

(3) 采购业务与财务数据。

(4) 生产业务与财务数据。

(5) 销售业务与财务数据。

(6) 利润与利润分配数据。

在“大智移云物区”等信息技术被引入会计领域后，会计实务面临着巨大变革，财务数据的口径更加细化，业务、财务数据的采集、挖掘成为企业财务工作的重要组成部分。在这一背景下，加强基础会计综合模拟实训教学的意义在于：❶ 帮助学生夯实基础会计理论，建立起业务与会计循环的完整逻辑；❷ 强化学生对企业业务、财务数据的敏感性，帮助学生掌握初始业务、财务数据的采集源；❸ 通过综合实训，有助于学生掌握经济业务的判断、账务处理、分类记账以及报表编制等系列方法与技能，为后续财务会计、智能财务、大数据财务分析、管理会计、业财一体化、财务共享中心实务、云财务等课程打下坚实的基础。

二、基础会计综合模拟实训的流程、任务与参考学时

1. 基础会计综合模拟实训的账务处理流程

本实训采用科目汇总表账务处理程序，记账凭证采用通用记账凭证，实训的总流程如图 1-1 所示。

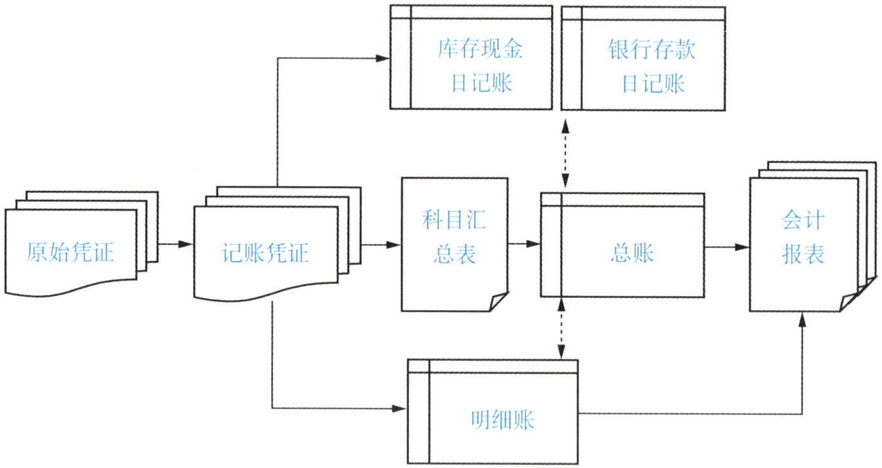

图 1-1　基础会计综合模拟实训的总流程

2. 基础会计综合模拟实训的任务与参考学时

基础会计综合模拟实训的流程与参考学时如表 1-1 所示。

表 1-1　基础会计综合模拟实训的流程与参考学时表

实训流程	实训任务	职业素养养成	参考学时	实训流程	实训任务	职业素养养成	参考学时
项目一 基础会计综合模拟实训准备	(1) 了解实训目的和意义； (2) 了解实训的流程与要求； (3) 了解成绩的评定标准	爱岗敬业 态度端正	0.5	项目五 登记账簿	(1) 了解账簿登记的规则； (2) 掌握库存现金日记账和银行存款日记账的登记； (3) 掌握主要明细账的登记； (4) 掌握科目汇总表的编制和总账的登记	认真细致 工匠精神 交流沟通 严谨合规	10
项目二 了解模拟实训企业	(1) 了解模拟企业的基本情况； (2) 熟悉模拟企业的会计核算制度； (3) 熟悉模拟企业财务部门岗位设置及人员分工	团队协作 严谨细致 诚实守信 遵纪守法	0.5	项目六 试算平衡	(1) 了解试算平衡的基本原理； (2) 掌握余额与发生额试算平衡的方法	认真细致 工匠精神 职业洞察 严谨合规	6
项目三 建账	(1) 了解建账流程； (2) 熟悉账簿的类别； (3) 掌握总账的建账方法； (4) 掌握库存现金日记账、银行存款日记账的建账方法； (5) 掌握明细账的建账方法	认真细致 工匠精神 交流沟通 严谨合规	5	项目七 编制会计报表	(1) 了解会计报表编制的原理； (1) 掌握利润表的编制； (3) 掌握资产负债表的编制	工匠精神 团队合作 认真细致 诚实守信	4
项目四 填制和审核凭证	(1) 熟悉凭证的类别； (2) 掌握原始凭证的要素与审核的方法； (3) 掌握自制原始凭证的填制； (4) 掌握账务处理与记账凭证的填制	认真细致 工匠精神 交流沟通 严谨合规	8	项目八 完成实训	(1) 进行实训资料的归档； (2) 按要求提交实训成果； (3) 撰写并提交实训报告	遵纪守法 严谨合规	2
合　计			36				

注：本实训可采用 2 人 1 组或单人模式，以上参考学时分配针对单人模式下，亦可根据学生的基础进行适当增减课时。

三、实务中财务岗位分工与实训分组

实务中，财务工作岗位的分工如图 1-2 所示。

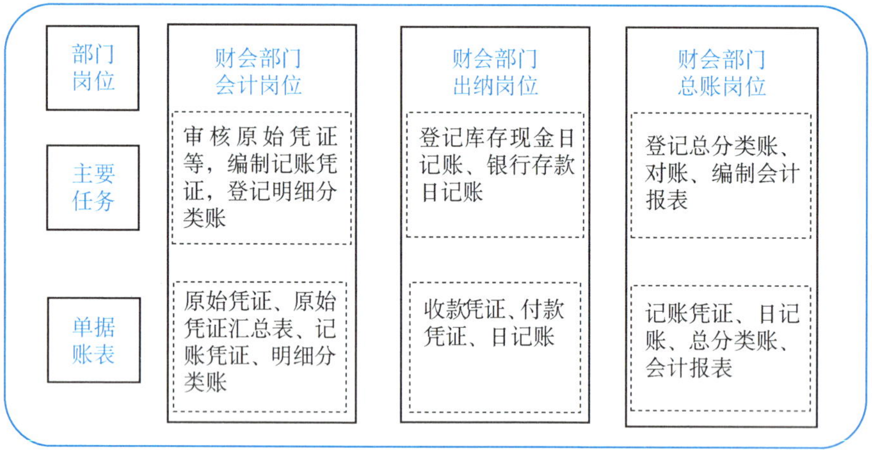

图 1-2　实务中的财务工作岗位分工

实训过程中，为了让每位同学都能体验整个账务处理的流程，可以采用 1 人负责、全程单独完成的方式。值得注意的是，实务中会计、出纳和总账的工作需要由不同人负责，主要是为了通过内部牵制，实现互相监督，形成内部的纠错和防止舞弊的防线。如果实训课时不足 36 学时，可安排 2 人为一个实训小组共同完成实训任务。若为 2 人一组，项目三至项目七可按表 1-2 进行分工，其他项目仍须全部独立完成。

表 1-2　实训小组分工

分工	项目三	项目四	项目五	项目六	项目七
1	开设总账	处理 1—30 日的单日业务；合作完成 31 日的业务	编制科目汇总表；登记总账	发生额试算平衡	编制利润表
2	开设库存现金日记账、银行存款日记账；开设明细账	处理 1—30 日的双日业务；合作完成 31 日的业务	登记库存现金日记账和银行存款日记账；登记明细账	余额试算平衡	编制资产负债表

四、基础会计综合模拟实训的教学要求与实训成绩考评

（一）实训要求

（1）实训过程应严格遵守实训纪律，独立思考、分析、解决问题。

（2）实训应遵循实训流程，循序渐进，逐步规范完成所有项目中的任务。

（3）实训过程中的计算，对于分配率等过程性计算，保留小数点后四位，最终结果保留至小数点后两位。

（4）实训结束后，应将原始凭证、记账凭证、会计账簿、会计报表进行装订。

（5）实训结束后，应及时提交实训报告，内容包括实训体会与建议。

（二）实训成绩考评

实训成绩考评包括过程性评价与结果评价。过程性评价主要包括学生的出勤、实训跟进情况以及实训态度等方面的情况；结果评价主要包括学生提交的实训成果和实训报告。基础会计模拟实训成绩考评参考标准如表 1-3 所示。

表 1-3　基础会计模拟实训成绩考评参考标准

成果序号	评价对象	评价参考标准	成绩占比(%)
1	总账与明细账的建立	能够准确、规范地建账	10
2	原始凭证的填制和审核	（1）能够根据原始凭证准确判断业务类型，审核原始凭证的真实性； （2）能够准确无误地填制相关原始凭证。	10
3	记账凭证的填制和审核	（1）能够准确地分辨记账凭证类别； （2）能够准确无误地填制记账凭证。	25
4	账簿的登记	能够准确地登记序时账、各类明细账和总账	15
5	试算平衡	能够有效、准确地完成发生额和余额的试算平衡	20
6	会计报表的编制	能够及时、准确地完成报表编制	10
7	归档、实训成果与实训报告提交	能够及时、规范地完成归档、提交实训成果和实训报告	10
合计			100

五、基础会计综合模拟实训需要准备的材料

基础会计综合模拟实训需要准备的材料如表 1-4 所示。

表 1-4　基础会计综合模拟实训材料一览表

序号	物品名称	规格型号	数量	材料准备	序号	物品名称	规格型号	数量	材料准备
1	订书机	常规	2 个/班	实验室配备	13	装订线	套	2 卷/班	自备
2	订书针	常规	1 盒/班	实验室配备	14	橡皮	—	1 块/(人、组)	自备
3	凭证装订机	手动或自动	1 台/班	实验室配备	15	铅笔	—	1 支/(人、组)	自备
4	直尺	—	1 把/(人、组)	自备	16	小剪刀	—	1 把/(人、组)	自备
5	胶水(棒)	小瓶/个	1 瓶/(人、组)	自备	17	财会专用笔	红色(0.35 mm) 黑色(0.35 mm)	各 1 支/(人、组)	自备
6	索引标签	蓝色,10 张/小包 红色,10 张/小包	各 3 张/(人、组)	自备	18	文件袋	A4(330×230 mm)	1 个/(人、组)	自备
7	燕尾夹	25 mm	3 只/(人、组)	自备	19	序时账	库存现金日记账、银行存款日记账 2 本	2 本日记账(封面封底、账页各 1 套)	教材提供
8	回形针	—	1 盒/(人、组)	自备	20	总账	45 个	1 本总账(实际提供封面封底、账页 48 个)	教材提供
9	记账凭证	—	70	教材提供	21	试算平衡表	1 份	实际提供 1 份	教材提供
10	科目汇总表	—	2	教材提供	22	会计报表	资产负债表、利润表	各 1 份	教材提供
11	明细账	数量金额式 9 个 三栏式 51 个 多栏式 7 个	1 本明细账(封面封底、账页,实际提供数量金额式 10 个账页,三栏式 54 个账页,多栏式 10 个账页)	教材提供	23	T 型账 试算平衡草表	A4 型纸或 A3 型纸	A4 型纸 3 张 或 A3 型纸 2 张	自备
12	计算器	财会专用	1 个/人	自备	24	电脑	Office	1 台/组	可选,自备

项目二　了解模拟实训企业

实训任务：

（1）熟悉模拟实训企业的基本情况。

（2）熟悉模拟实训企业的会计核算制度。

（3）熟悉模拟实训企业的业务循环流程。

动画视频：了解模拟实训企业

一、模拟实训企业的基本情况

模拟实训企业为杭州市永兴公司，公司的基本情况如表 2-1 所示，公司部门及其人员信息情况如表 2-2 所示。

表 2-1　模拟实训企业基本情况

项目	基本情况	公司营业执照	银行预留印鉴及发票用章
企业名称	杭州市永兴公司		
企业类型	有限责任公司		
增值税纳税人类型与纳税识别号	一般纳税人 9133010320314965389A		
法定代表人、地址	吴峰；杭州市滨江区江南大道 1066 号		
开户银行及账号	中国工商银行杭州市西湖支行 9558 8000 3657 8980 236		
注册时间与注册资本	2019 年 1 月注册，注册资金 1 000 万元		

表 2-2　杭州市永兴公司部门及其人员信息

高管人员	采购部	人力资源管理部	销售部	财务部	仓库
总经理：赵四 副总经理：张三 （主管库存、销售）	采购员：刘五、王红 部门经理：贺六	员工：何惠 部门经理：邱宁	部门经理：王一	部门经理：林严谨 会计：王用心 出纳：陈心乐	部门经理：李二 仓库保管员：艾认真 检验员：席仔细
生产车间	研发部	办公室	广告业务部	资产设备部	
部门负责人：王贝 领料员：林一	部门经理：肖米	部门经理：何菲菲 员工：邱真真	部门经理：沈依依 员工：王贝贝	部门经理：周淇 员工：陈浩	

二、模拟实训企业会计核算制度

1. 会计核算方式与凭证账簿的使用

模拟实训企业采用科目汇总表账务处理程序，每半个月编制一次科目汇总表并据以登记总账，明细账根据原始凭证和记账凭证逐笔登记。

模拟实训企业使用复式记账凭证，记账凭证按业务发生的时间顺序进行连续编号。

模拟实训企业开设库存现金日记账、银行存款日记账、总账、明细账，总账和日记账均采用三栏式，明细账根据需要分别采用三栏式、数量金额式和多栏式。

2. 相关会计核算制度

（1）存货。

❶ 原材料、库存商品明细核算。模拟实训企业在仓库设置一套原材料明细账和库存商品明细账，进行原材料和库存商品的明细核算。平时由仓库保管员根据原材料的“收料单”“领料单”、库存商品的“产品入库单”“产品出库单”的仓库联登记收发数量，记账会计在每月月末核对收发的数量并进行计价和会计处理。

❷ 原材料、库存商品的计价与明细账登记。原材料、库存商品的收发均按实际成本计价，发出单价按月末一次加权平均法计算确定，月末进行会计核算。

“原材料”明细账的“收入”栏根据“收料单”（记账联）登记数量、单价和金额。“原材料”明细账的“发出”栏，平时根据“领料单”登记发出数量，妥善保管好“领料单”，月末由负责材料记账的会计根据原材料明细账月初结存数量和金额、本月收入数量和金额，按全月一次加权平均法计算发出材料的单价，该单价乘以本月领用数量的合计，即为发出材料的金额，据此登记入账。月末根据“领料单”分品种、用途或部门汇总其领用数量，再乘以加权平均单价，编制“发料凭证汇总表”，进行会计处理。

“库存商品”明细账的“收入”栏，平时根据“产品入库单”登记收入数量，并将入库单妥善保管。月末根据“库存商品”明细账中结出的“入库数”及“生产成本明细账”中的总成本和单位成本，编制“产品成本计算表”，将“产品入库单”作为该表的附件。根据“产品成本计算表”登记“库存商品”

明细账月末的“本月合计”行、“收入”栏或“借方”栏的单价和金额。“库存商品”明细账的“发出”栏或“贷方”栏，平时根据“产品出库单”登记发出数量，月末根据各明细账月初结存的数量和金额、本月收入的数量和金额，按“月末一次加权平均法”计算发出产品的单价，用该单价乘以发出数量合计，登记“库存商品”明细账的“发出”栏的单价和金额，并根据该“发出栏”编制“主营业务成本计算表”，进行会计处理。

（2）固定资产。

模拟实训企业的“固定资产”总账下设有“机器设备”和“房屋建筑物”两类明细账。模拟实训企业自2021年12月起，对固定资产的折旧采用平均年限法分类折旧，其中车间生产设备的月折旧率为：房屋建筑物0.4%，机器设备1%。

（3）费用与成本。

❶ 职工福利。职工福利费按工资总额的14%计提并根据其用途归属于对应的成本费用账户。

❷ 税金及附加。模拟实训企业主要涉及的税费有增值税、城市维护建设税、教育费附加和企业所得税。公司销售产品应缴纳增值税，适用税率为13%，涉及的交通运输业务适用税率为9%。城市维护建设税、教育费附加分别为流转税（包括增值税、消费税和关税，本实训企业仅涉及增值税）之和的7%和3%。

（4）坏账准备。

每年年末对应收款项（包括应收账款和其他应收款）的坏账损失进行估计，采用“应收账款余额百分比法”计算坏账准备余额，坏账准备计提比例为应收账款余额的5%。

（5）损益类账户。

每月月末将各损益类账户（包括“所得税费用”账户），转入“本年利润”账户。同时，对所有损益类账户及其明细账进行年度结账，合计出“本年累计”数额。损益类各账户1—11月累计发生额，参见项目三“建账”的第三部分“建账数据与账簿资料”中的表3-6。

（6）利润分配。

年末，按当年税后利润的10%提取法定盈余公积金，并根据董事会通过的利润分配决议，按投资人的投资比例进行利润分配。

三、模拟实训企业的业务活动

杭州永兴公司是一家生产企业，其业务循环如下图2-1所示。

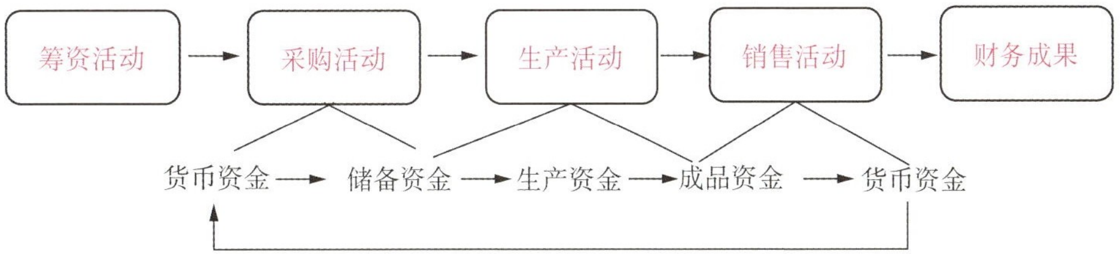

图2-1 模拟实训企业业务循环

在实训中，应首先判断原始凭证所涉及的业务活动属于业务循环中的哪一个环节。资金形态随着业务环节的不同而发生变化，通过采购活动，货币资金转变为储备资金形态，附着在“原材料”“在途物资”等会计账户中。通过生产活动，储备资金变为生产资金形态，进而形成产成品，变为成品资金形态，最后通过销售活动回归货币资金形态，开始新的资金投入与业务循环。

项目三　建　　账

实训任务：

（1）了解建账流程。

（2）掌握总账的建账方法。

（3）掌握库存现金日记账、银行存款日记账的建账方法。

（4）掌握明细账的建账方法。

动画视频：企业建账

一、建账流程

基础会计综合模拟实训建账的实训流程如图 3-1 所示。

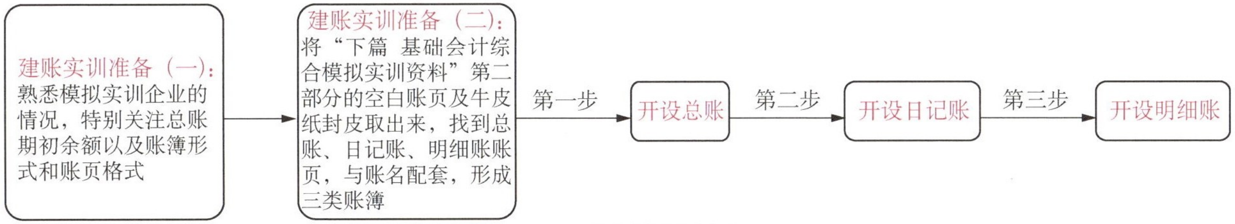

图 3-1　建账的实训流程

二、建账的方法

1. 总账的建账方法

（1）设账，根据单位业务量的情况，可设置 1 本总账，也可以设置多本，通常采用订本式，账页为三栏式，本实训中统一设置 1 本总账。

（2）在“下篇　基础会计综合模拟实训资料”的第二部分“基础会计综合模拟实训用会计资料及封皮”的“6. 各类会计档案封皮”中找到总账的封皮和“账簿启用表”（背面），填写包括账簿名称、单位名称、装订册次、编号、起止页码、启用日期、记账人员和会计主管、单位主管人员姓名等内容。

（3）在总账的“目录”页中按顺序编写好所需总账科目，本教材实训资料中已统一编写完成，在“下篇　基础会计综合模拟实训资料”的第二部分“基础会计综合模拟实训用会计资料及封皮”的“2. 基础会计综合模拟实训用账页”中。

（4）在“下篇　基础会计综合模拟实训资料”的第二部分“基础会计综合模拟实训用会计资料及封皮”的“2. 基础会计综合模拟实训用账页”中找到总账的账页，与封皮放一起装订，形成总账账簿。根据“总账目录”中所列会计科目在总账账簿中开设总账账户，即在账页上方“总账”前的空白处填写会计科目的名称，通常按照资产类、负债类、所有者权益类、成本类、损益类的顺序开设。所有涉及业务发生（包括期初和本期）的科目均应开设，本实训中可直接按已提供的“总账目录”开设。

（5）将本项目表 3-4“杭州市永兴公司总账及资产明细账 12 月期初余额表”的总账账户期初余额过至总账账页第一行，摘要栏描述为“月初余额”，借方余额过入相对应的总账借方余额栏，贷方余额过入相对应的总账贷方余额栏，如库存现金的总分类账账页填写如表 3-1 所示。

表 3-1　库存现金总分类账

总第 1 页　分第 1 页

2021 年		凭证		摘　要	借　方　金　额	贷　方　金　额	借或贷	余　额
月	日	字	号					
12	1			月初余额			借	120 000.00

（6）按顺序编好页码，同时估计每个总账账户所需要的页数（1 个页码即可），在总账“目录”的“起止页码”中标识出来。请务必注意为节省篇幅，常规的 1 个页面，在实训中有 2 个总账的页面。

（7）将总账账户名称填写在账户索引纸上，贴在对应的总账账页右边，注意贴的时候错开，便于登记账簿时能迅速地找到对应的账户。

2. 日记账的建账方法

（1）设账。通常设置“库存现金日记账”和“银行存款日记账”各 1 本，采用订本式，如果企业开设了两个以上的银行存款账户，可根据不同账户分设银行存款日记账。

（2）在“下篇　基础会计综合模拟实训资料”的第二部分“基础会计综合模拟实训用会计资料及封皮”的“6. 各类会计档案封皮”中找到日记账“账簿启用表”，填写包括账簿名称、单位名称、装订册次、编号、起止页码、启用日期、记账人员和会计主管、单位主管人员姓名等内容。

（3）在“下篇　基础会计综合模拟实训资料”的第二部分“基础会计综合模拟实训用会计资料及封皮”的“2. 基础会计综合模拟实训用账页”中找到库存现金日记账、银行存款日记账的账页，分别与库存现金日记账、银行存款日记账的封皮放一起装订，形成库存现金日记账、银行存款日记账两本账簿。

（4）日记账跨期更换时，应将上期各账户的余额转入本期，如在本期内需要更换账簿的，应承前过入有关账户的余额至新的账簿中。本实训中，应根据表 3-4 中的期初余额，填写“库存现金日记账”和“银行存款日记账”第一页空白页第一行的“月初余额”金额栏。

例如库存现金日记账期初建账时，账页填写如表 3-2 所示。

表 3-2　库存现金日记账

本账页数＿＿＿＿＿＿
本户页数＿＿＿＿＿＿

2021 年		凭证字号	摘　要	对方科目	页数	借　方	贷　方	借或贷	余　额
月	日								
12	1		月初余额					借	120 000.00

3. 明细账的建账方法

（1）设账。根据企业业务特点、各类会计业务量的大小，决定是否开设明细账以及明细账的账页格式。本实训开设明细账及账页格式可参考表 3-4 和表 3-8。

（2）在“下篇　基础会计综合模拟实训资料”的第二部分“基础会计综合模拟实训用会计资料及封皮”的“6. 各类会计档案封皮”中找到明细账“账簿启用表”，并填写包括账簿名称、单位名称、装订册次、编号、起止页码、启用日期、记账人员和会计主管、单位主管人员姓名等内容。

（3）在“下篇　基础会计综合模拟实训资料”的第二部分“基础会计综合模拟实训用会计资料及封皮”的“2. 基础会计综合模拟实训用账页”中找到明细账的账页，按“明细账目录”的顺序，在适当的账页上方标上明细科目的名称，形成一本活页式明细账。

（4）明细账跨期更换时，应将上期各账户的余额转入本期，活页式账簿可以随业务量的增加而添加账页。本实训中，应根据“表 3-4”中的期初余额，填写各明细账户第一页空白页第一行的“月初余额”金额栏。如“应收票据明细账”三级账户“上海喜多多”的账页填写如表 3-3 所示。

表 3-3　应收票据明细账

本账页数＿＿＿＿＿＿
本户页数＿＿＿＿＿＿
科目　上海喜多多

2021 年		凭证字号	摘　要	对方科目	页数	借　方	贷　方	借或贷	余　额
月	日								
12	1		月初余额					借	200 000.00

三、建账数据与账簿资料

1. 总账及资产明细账的 12 月月初余额

杭州市永兴公司 2021 年 12 月的总账、资产明细账设置及 12 月期初余额如表 3-4 所示。

表 3-4　杭州市永兴公司总账、资产明细账设置及 12 月期初余额表

单位:元

序号	总账科目	明细账设置	借方余额	贷方余额	账页格式	序号	总账科目	明细账设置	借方余额	贷方余额	账页格式
1	库存现金		120 000		三栏式	7	其他应收款		1 000		三栏式
		日记账			三栏式			李明	1 000		三栏式
2	银行存款		1 265 000		三栏式			王红	0		三栏式
		日记账			三栏式	8	坏账准备	不设置明细账		11 500	三栏式
3	其他货币资金		46 000		三栏式	9	在途物资		384 000		三栏式
		支付宝存款	46 000		三栏式			详见表 3-5			数量金额式
4	应收票据		200 000		三栏式	10	原材料		718 460		三栏式
		上海喜多多	200 000[1]		三栏式			详见表 3-6			数量金额式
		宁波久久	0		三栏式	11	库存商品		2 190 000		三栏式
5	应收账款		1 397 800		三栏式			详见表 3-7			数量金额式
		杭州富美	700 000		三栏式	12	固定资产		9 920 000		三栏式
		杭州恒丰	20 000		三栏式			房屋建筑类	8 200 000		三栏式
		无锡兴业	677 800[2]		三栏式			机器设备类	1 720 000		三栏式
		杭州四季商贸	0		三栏式	13	累计折旧			550 000	三栏式
6	预付账款		81 360		三栏式			房屋建筑类		360 800	三栏式
		嘉兴塑胶	81 360		三栏式			机器设备类		189 200	三栏式
		无锡环宇	0		三栏式	14	在建工程		2 392 405		三栏式
								生产线	0		三栏式

续表

序号	总账科目	明细账设置	借方余额	贷方余额	账页格式	序号	总账科目	明细账设置	借方余额	贷方余额	账页格式
15	无形资产	不设置明细账	0		三栏式	24	其他应付款			0	三栏式
16	短期借款			875 000	三栏式			杭州滨江水务有限公司		0	三栏式
		工商银行杭州西湖支行		875 000	三栏式			杭州滨江供电分公司		0	三栏式
17	应付票据			30 000	三栏式	25	长期借款			1 136 000	三栏式
		义乌绿源		30 000	三栏式			工行杭州西湖支行		1 136 000	三栏式
		东莞东方		0	三栏式	26	实收资本			10 000 000	三栏式
18	应付账款			20 000	三栏式			吴峰		6 000 000	三栏式
		嘉兴塑胶		20 000	三栏式			陈之立		4 000 000	三栏式
		无锡环宇		0	三栏式	27	资本公积	不设明细账		952 560	三栏式
		上海新天		0	三栏式	28	盈余公积			346 500	三栏式
19	预收账款				三栏式			法定盈余公积		346 500	三栏式
		广东顺达贸易		0	三栏式	29	本年利润	不设明细账			三栏式
20	应付职工薪酬			1 768 800	三栏式	30	利润分配				三栏式
		工资		1 551 578.95	三栏式			提取盈余公积			三栏式
		职工福利		217 221.05	三栏式			应付股利			三栏式
21	应交税费			93 240	三栏式			未分配利润		2 932 425	三栏式
		应交增值税		0	专用多栏式	31	生产成本		0		三栏式
22	应付股利	按支付对象设		0	三栏式			EP-1 空气净化器	账内按成本项目设置专栏		专用多栏式
23	应付利息	按支付对象设		0	三栏式			EP-2 空气净化器	账内按成本项目设置专栏		专用多栏式

续表

序号	总账科目	明细账设置	借方余额	贷方余额	账页格式
32	制造费用		0		三栏式
		制造费用	按费用项目设置专栏		借方多栏式
33	主营业务收入		上月发生额及其本年累计数据见表 3-10		三栏式
		EP-1 空气净化器			三栏式
		EP-2 空气净化器			三栏式
34	其他业务收入		上月发生额及其本年累计数据见表 3-9		三栏式
		按收入项目设置专栏			三栏式
35	投资收益	不设置明细账	上月发生额及其本年累计数据见表 3-9		三栏式
36	营业外收入		上月发生额及其本年累计数据见表 3-9		三栏式
		按收入项目设置专栏			三栏式
37	主营业务成本		上月发生额及其本年累计数据见表 3-10		三栏式
		EP-1 空气净化器			三栏式
		EP-1 空气净化器			三栏式
38	其他业务成本		上月发生额及其本年累计数据见表 3-9		三栏式
		按成本项目设置专栏			三栏式

序号	总账科目	明细账设置	借方余额	贷方余额	账页格式
39	税金及附加		上月发生额及其本年累计数据见表 3-9		三栏式
		城建税和教育费附加			三栏式
40	销售费用		上月发生额及其本年累计数据见表 3-9		三栏式
		按费用项目设置专栏			借方多栏式
41	管理费用		上月发生额及其本年累计数据见表 3-9		三栏式
		按费用项目设置专栏			借方多栏式
42	财务费用		上月发生额及其本年累计数据见表 3-9		三栏式
		利息支出			三栏式
43	信用减值损失	不设置明细账	上月发生额及其本年累计数据见表 3-9		三栏式
44	营业外支出		上月发生额及其本年累计数据见表 3-9		三栏式
		按支出项目设置专栏			借方多栏式
45	所得税费用	不设置明细账	上月发生额及其本年累计数据见表 3-9		三栏式

注：

[1] 应收票据——上海喜多多当前余额为 200 000 元，包括 12 月 13 日将到期的应收票据 60 000 元。

[2] 应收账款——无锡兴业的明细账“677 800”中，有 90 000 元 11 月已办妥委托银行收款手续。

2. 存货相关明细账的期初资料

（1）在途物资明细账期初资料。杭州市永兴公司 12 月初在途物资明细账期初资料如表 3-5 所示。

表 3-5 在途物资明细账期初资料

金额单位:元

明细科目	计量单位	数量	单价	金额	账页格式
电子件	套	1 200	320	384 000	数量金额式
塑胶件	件	0	—	—	

（2）原材料明细账期初资料。杭州市永兴公司 12 月初原材料明细账期初资料如表 3-6 所示。

表 3-6 原材料明细账期初资料

金额单位:元

材料名称	计量单位	数量	单价	金额	账页格式
电子件	套	300	320	96 000	数量金额式
智控件	件	650	402	261 300	
塑胶件	件	1 100	182.87	201 160	
滤材	套	1 000	125	125 000	
包装材料	件	1 400	25	35 000	
合计				718 460	

（3）库存商品期初资料。杭州市永兴公司 12 月初库存商品明细账期初资料如表 3-7 所示。

表 3-7 库存商品明细账期初资料

金额单位:元

材料名称	计量单位	数量	单价	金额	账页格式
EP-1 空气净化器	台	500	1 300	650 000	数量金额式
EP-2 空气净化器	台	700	2 200	1 540 000	
合计				2 190 000	

杭州市永兴公司建账所需账页格式汇总如表3-8所示。

表3-8 建账所需账页格式汇总

账簿名称	账页格式		具体账户
总账	三栏式		所有总账
日记账	三栏式		银行存款日记账、库存现金日记账
明细账	三栏式		相关明细账
	多栏式	借方多栏	制造费用、销售费用、管理费用、研发费用、营业外支出
		专用多栏	生产成本、应交税费——应交增值税
	数量金额式		在途物资
			原材料
			库存商品

3. 利润表的上期数据

杭州市永兴公司1—11月利润表项目资料如表3-9所示。

表3-9 杭州市永兴公司1—11月利润表项目资料

单位:元

项目	会计科目	11月发生额		1—11月累计发生额	
		发生额	发生额合计	明细	发生额累计
营业收入	主营业务收入	5 293 700	5 488 700	36 230 000	38 375 000
	其他业务收入	195 000		2 145 000	
营业成本	主营业务成本	3 781 700	3 926 600	25 169 440	26 701 740
	其他业务成本	144 900		1 532 300	
税金及附加	城市维护建设税	32 886	46 980	361 746	516 780
	教育费附加	14 094		155 034	

续表

项目	会计科目	11 月发生额		1—11 月累计发生额	
		发生额	发生额合计	明细	发生额累计
销售费用	广告费	80 808	318 180	888 600	3 499 980
	展位费	10 100		111 000	
	工资	186 800		2 054 900	
	职工福利费	26 152		287 686	
	水电费	190		2 282	
管理费用	差旅费	18 400	303 600	171 600	3 339 600
	维修费	5 600		43 906	
	办公费	15 634		171 974	
	工资	206 900		2 313 000	
	福利费	28 966		323 820	
	水电费	4 300		48 400	
	折旧费	23 800		266 900	
研发费用	—	—	0	—	0
财务费用	利息支出	5 710	5 710	62 810	62 810
资产减值损失	—	—	0	—	0
信用减值损失	—	38 390	38 390	422 290	422 290
公允价值变动收益	—	—	0	—	0
投资收益	—	4 000	4 000	44 000	44 000
	对联营企业和合营企业的投资收益	—	—	—	—
资产处置收益	—	—	0	—	0
其他收益	—	—	0	—	0

续表

项目	会计科目	11 月发生额		1—11 月累计发生额	
		发生额	发生额合计	明细	发生额累计
营业利润			853 240		3 875 800
营业外收入	违约金	14 500	14 500	14 500	159 500
	非流动资产处置利得	0	0	145 000	
营业外支出	捐赠支出	11 400	11 400	125 400	125 400
	罚款支出	0	0	0	
	非流动资产处置损失	0	0	0	
利润总额			856 340		3 909 900
所得税费用	—	—	213 636	—	977 475
净利润			642 704	—	2 932 425

其中,主营业务收入与主营业务成本的上期及累计数据如表 3-10 所示。

表 3-10　主营业务收入与主营业务成本的上期及累计数据　　单位:元

项目	11 月发生额		1—11 月累计
主营业务收入	EP-1 空气净化器	1 700 200	11 635 900
	EP-2 空气净化器	3 593 500	24 594 100
	小计	5 293 700	36 230 000
主营业务成本	EP-1 空气净化器	1 199 240	8 156 700
	EP-2 空气净化器	2 582 460	17 012 740
	小计	3 781 700	25 169 440

项目四　填制和审核凭证

实训任务：

（1）熟悉凭证的类别。

（2）掌握原始凭证的要素与审核的方法。

（3）掌握原始凭证的填制。

（4）掌握账务处理与记账凭证的填制。

动画视频：填制与审核凭证

一、熟悉凭证的类别

1. 辨识原始凭证类别

（1）查看本实训教材"下篇　基础会计综合模拟实训资料"中的"一、杭州永兴公司 2021 年 12 月经济业务原始凭证"内容，沿裁剪线撕下来，按业务将原始凭证**分笔**用回形针固定。

（2）查看表 4-1 中所列业务的原始凭证的序号，将原始凭证所属类别记录在表 4-1 中。

表 4-1　原始凭证的类别

凭证顺序号及名称	在原始凭证所属分类下划√							凭证顺序号及名称	在原始凭证所属分类下划√						
	自制	外来	一次	累计	汇总	通用	专用		自制	外来	一次	累计	汇总	通用	专用
1-1								2-2							
1-2								2-3							
1-3								2-4							
1-4								2-6							
2-1								17-2							

注：业务 1-1 表示业务 1 的第 1 张原始凭证。

2. 判断经济业务内容

根据每笔业务的原始凭证判断该笔经济业务的内容，将答案填写在表 4-2 中。

表 4-2　经济业务内容的判断

业务序号	业务内容	业务序号	业务内容
1		6	
2		7	
3		8	
4		9	
5		10	

3. 辨识记账凭证

查看本实训教材“下篇　基础会计综合模拟实训资料”中“二、基础会计综合模拟实训用会计资料及封皮”中的“1. 基础会计综合模拟实训用记账凭证”，了解记账凭证的要素。

二、审核原始凭证

1. 熟悉原始凭证审核的项目及其要点

根据表 4-3 的原始凭证审核项目和要点提示，根据前面分笔整理好的“下篇　基础会计综合模拟实训资料”中“一、杭州永兴公司 2021 年 12 月经济业务原始凭证”的内容，对业务 1-1、业务 1-4、业务 2-3、业务 5-2、业务 9-2、业务 13-5、业务 24-1、业务 44-1、业务 46-3、业务 51-4 的原始凭证进行审核，按照“2. 经审核的原始凭证应根据不同情况处理”中的提示进行处理。

表 4-3　原始凭证的审核项目和要点

审核项目		审核要点	审核项目		审核要点
1	真实性	日期、业务、数据的真伪	4	完整性	凭证要素是否齐全
2	合法性	法规法律、权限	5	正确性	书写、计算、填写
3	合理性	符合需要、计划、预算	6	及时性	及时填制传递（时限）

2. 原始凭证不同审核结果的处理方式

（1）对于完全符合要求的原始凭证，应及时据以编制记账凭证。

（2）对于真实、合法、合理但内容不够完整、填写有错误的原始凭证，实务中应退回给有关经办人员，补充完整、更正错误或重新开具后，再办理正式的会计手续。

（3）对于不真实、不合法的原始凭证，不予接受，实务中应当向单位负责人报告。

实训中，对以上(2)、(3)种情况涉及的原始凭证，请按下表业务号挑选出来，并完成表 4-4 的填制，不入账，不装订。

表 4-4　原始凭证的审核

序号	业务号	存在的问题
1	业务 1-2	
2	业务 1-4	
3	业务 2-3	
4	业务 5-2	
5	业务 9-2	
6	业务 13-5	
7	业务 24-1	
8	业务 44-1	
9	业务 46-3	
10	业务 51-4	

注：业务 1-2 表示业务 1 的第 2 张原始凭证。

三、填制原始凭证

（1）完成业务 44 中支票的填写，注意正确书写大小写数字以及日期等内容，无任何涂改。填写好的支票应剪下存根联作为记账之用，实务中右边部分应交给客户，以便其拿去银行办理转账。

（2）完成业务 57、58、59、60 的原始凭证的填制。

（3）完成业务 56、61-64、67-76 相关原始凭证的填制，本实训任务应结合账务处理一起完成。

四、填制记账凭证

根据审核后的原始凭证，基于复式记账的原理，对杭州市永兴公司 2021 年 12 月的经济业务进行会计处理，即将**会计分录填写在记账凭证上**，并按业务顺序对记账凭证分别编号，如“记字第 1 号”“记字第 2 号”，依此类推。如同一笔业务需要多张记账凭证，则可以以分数形式进行编号，按类似于 $20\frac{1}{3}$ 这种方式编写记账凭证号，其中“20”为业务号，“$\frac{1}{3}$”指该业务涉及 3 张记账凭证，此张为第 1 张。

填写的内容与格式可参考本实训教材“下篇　基础会计综合模拟实训资料”中“二、基础会计综合模拟实训用会计资料及封皮”的“1. 基础会计综合模拟实训用记账凭证”处对第一笔业务所做的第一张记账凭证。

项目五　登记账簿

实训任务：

（1）了解账簿登记的规则。

（2）掌握库存现金日记账和银行存款日记账的登记。

（3）掌握主要明细账的登记。

（4）掌握科目汇总表的编制和总账的登记。

动画视频：登记账簿

一、登记账簿的规则

（1）根据审核无误的会计凭证登记账簿，应将会计凭证的日期、种类和编号、业务内容摘要和金额逐项记入账内，总账与明细账应“平行登记”，即同一时期、同一方向、同等金额登记。

（2）登记完毕，在记账凭证上做好过账标记，在过账栏划“√”。

（3）书写的文字和数字应留适当空格，一般占格 1/2。

（4）从第一页到最后一页按顺序编定页数，按页次连续登记，不得跳行、隔页。

（5）凡需结出余额的账户，应注明余额方向；没有余额的账户，应在“借或贷”栏内写“平”字，并在余额栏内用“0”表示。

（6）账页记满时，应办理转页手续，账页结束最后一行摘要栏写“过次页”，下页第一行写“承前页”。

（7）用财会专用笔书写，不得用圆珠笔或铅笔。

（8）遇到以下情况应用红笔登账：

❶ 按照红字冲账的记账凭证，冲销错误记录。

❷ 在不设借、贷等栏的多栏式账页中，登记减少数。

❸ 在三栏式账户的余额栏前，如未印明余额方向的，在余额栏内登记负数余额。

❹ 根据国家统一会计制度的规定，可以用红字登记的其他会计分录。

（9）实行会计电算化、财务共享的单位，总账和明细账应当定期打印。

二、登记库存现金日记账和银行存款日记账

库存现金日记账由出纳人员根据库存现金相关的记账凭证，按经济业务发生的先后顺序，**逐日逐笔**进行登记。登记时应注意以下事项：

（1）“日期栏”中记账凭证的日期应与现金实际收付日期一致。

（2）“凭证栏”应登记入账的记账凭证的种类和编号，以“记字第×号”列明，以便于查账和核对。

（3）“摘要栏”说明登记入账的经济业务的内容，应言简意赅地表达清楚经济业务的内容。

（4）“对方科目栏”记录现金收入的来源科目或支出的用途科目。

（5）“借方栏”“贷方栏”记录现金实际收付的金额，“借方”为收入的金额，“贷方”为支出的金额，要做到“日清”“月结”。“日清”应做到：❶ 清理各种现金收付款凭证，检查单证是否相符，登记和清理日记账。实务中出纳人员每天下班前应进行现金盘点，将实物数与账面余额进行核对，看是否存在“长款”或“短款”。如果实际数大于账面数，为长款，反之则为短款，两者都应查找原因，并按规定进行处理。❷ 应检查库存现金是否超过规定的现金限额，一般规定限额是满足 3～5 天的零星开支，边远地区和交通不便地区，可按多于 5 天，不超过 15 天的日常零星开支的需要确定。如实际库存现金超过规定库存限额，则出纳人员应将超过部分及时送存银行；如果实际库存现金低于库存限额，则应及时补提现金。

银行存款日记账由出纳人员根据银行存款相关的记账凭证按经济业务发生时间的先后顺序，**逐日逐笔**进行登记。其主要内容与库存现金日记账的登记方法相似。结算凭证栏应填写相应的结算方式和凭证号数，以便与开户银行对账。

三、登记主要明细账

根据项目三所开设的明细账中，以当月记账凭证和相关原始凭证为依据，**逐笔**登记各明细账账户。对于三栏式账户，只需要登记金额，可参考下列应收账款明细账的登记；对于数量金额式账户，既要登记金额，也要登记数量；对于多栏式账户，应逐一登记明细专栏。若为借方多栏式明细账，如需登记贷方金额，应用红字登记在借方栏；贷方多栏式明细账，如需登记借方金额，应用红字登记在贷方栏。

三栏式明细账的登记示例如表 5-1 所示。

表 5-1　三栏式明细账登记示例

应收账款明细账

本账页数________
本户页数________
科目　杭州富美

2021年		凭证字号	摘　要	对方科目	页数	借　方	贷　方	借或贷	余　额
月	日								
12	1		月初余额					借	700 000.00
12	5	记-7	销售空气净化器	主营业务收入、应交税费		745 800.00		借	1 445 800.00
12	10	记-12	收到转账支票(上月所欠货款)	银行存款			90 000.00	借	1 355 800.00
			……					借	

数量金额式明细账的登记示例如表 5-2 所示。

表 5-2　数量金额式明细账登记示例

原材料明细账

总页____
分页____

类别:原材料　　品名:电子件　　规格:中型　　计量单位:件　　存放地点:仓库

2021年		凭证字号	摘　要	借方			贷方			余额		
月	日			数量	单价	金额	数量	单价	金额	数量	单价	金额
12	1		月初余额							300	320	96 000.00
12	1	记-2	采购电子件	800	329.43	261 000.00				1 100	329.43	357 000.00
12	2	记-4	采购电子件	200	329.43	68 300.00				1 300	329.43	425 300.00
			……									

多栏式明细账的登记示例如表 5-3 所示。

表 5-3　多栏式明细账登记示例

管理费用明细账

总页____
分页____

2021 年		凭证字号	摘　要	借　方	借方发生额分析						
月	日				差旅费	维修费	办公费	职工工资	职工福利费	水电费	折旧费
			……								
11	30		本年累计	3 339 600.00	171 600.00	43 906.00	171 974.00	2 313 000.00	323 820.00	48 400.00	266 900.00
12	11	记-15	报销差旅费	15 600.00	15 600.00						
12	12	记-17	转账支票支付维修费	18 000.00		18 000.00					

四、编制科目汇总表和登记总账

对每半个月的交易和事项进行会计处理后，应根据记账凭证进行汇总，分别编制 1—15 日、16—31 日两份“科目汇总表”，即将每一个会计科目本期借方、贷方发生额分别汇总，得出汇总数。科目汇总表的编制通常采用“T 型账”草算的方式来进行。具体做法：❶ 为每一个记账凭证中记录过的账户开设“T 型账”，按当期业务发生的顺序，将每笔业务涉及的会计科目的发生额过入“T 型账”中，并在金额前标上业务的序号，以便之后出现发生额不平衡时查找问题，计算出本期发生额合计数；❷ 计算出各科目的借贷合计数，并检查账簿登记是否准确无误。总账会计根据“科目汇总表”，分 1—15 日、16—31 日两次分别**汇总并登记**总账。总账登记完毕后，通常应当与明细账核对一致。例如主营业务收入总分类账的登记示例如表 5-4 所示。

表 5-4　主营业务收入总分类账登记示例

主营业务收入总分类账

总第　页　分第　页

2021 年		凭证		摘　要	借　方　金　额	贷　方　金　额	借或贷	余　额
月	日	字	号					
11	30			承前页		5 293 700.00	贷	5 293 700.00
11	30			本年累计		36 230 000.00	贷	36 230 000.00
12	15	科汇	1	1 日至 15 日发生额		4 640 000.00	贷	4 640 000.00
12	31	科汇	2	16 日至 31 日发生额	5 480 000.00	840 000.00	平	0
				……				

五、结账

1. 结账的步骤

(1) 将本期发生的经济业务全部记入有关账簿中。

(2) 以权责发生制为基础调整账项，合理确定本期应计的收入和应计的费用。

(3) 将损益类科目转入“本年利润”科目，合计算出本期的借方与贷方发生额，结平所有损益类科目。

(4) 在本期全部经济业务登记入账的基础上，结算出资产类、负债类和所有者权益类科目的本期发生额和余额，并结转下期。

2. 结账的方法

(1) 按月结算的账簿，在最后一行通栏处画一单红线，结出本月发生额、余额后再画一单红线。不需月结的账簿，在最后一行通栏处画一单红线。本实训项目采用按月结算方式。

(2) 需结计本月累计发生额的账簿，结算年初至本月累计发生额，1—11 月份下面画单红线，12 月末画双红线。本实训项目为模拟企业 12 月的会计事项，应在月末画双红线。

(4) 对于资产类、负债类、所有者权益类账户的总账、明细账和日记账，须结出月末余额，12 月为年结，应将余额结转下年，即在摘要栏内注明“结转下年”，并在该结转栏下画双红线，在下一年度新建账户的第一行摘要栏注明“上年结转”。例如“应收票据总分类账”的年结与月结登记示例如表 5-5 所示。

表 5-5 应收票据总分类账年结与月结登记示例

应收票据总分类账

总第 页 分第 页

2021 年		凭证		摘要	借方金额	贷方金额	借或贷	余额
月	日	字	号					
12	1			月初余额			借	200 000.00
12	15	科汇	1	1 日至 15 日发生额	1 672 400.00	60 000.00	借	1 812 400.00
12	31	科汇	2	16 日至 31 日发生额	949 200.00		借	2 761 600.00
12	31		单红线	本月合计	2 621 600.00	60 000.00	借	2 761 600.00
12	31			结转下年	单红线	双红线	借	2 761 600.00

(5) 对于损益类账户的总账，月结应结出“本月合计”金额，年末应合计出“本年累计”金额，结平余额。“主营业务收入”总分类账结账方法登记示例如表 5-6 所示。

表 5-6 主营业务收入总分类账结账方法登记示例

主营业务收入总分类账

总第 页 分第 页

2021年		凭证		摘要	借方金额	贷方金额	借或贷	余额
月	日	字	号					
12	15	科汇	1	1日至15日发生额		4 640 000.00	贷	4 640 000.00
12	31	科汇	2	16日至31日发生额	5 480 000.00	840 000.00	平	0
12	31			本月合计	5 480 000.00	5 480 000.00	平	0
12	31			本年累计	41 710 000.00	41 710 000.00	平	0

单红线

单红线

双红线

项目六 试 算 平 衡

实训任务：
(1) 了解试算平衡的基本原理。
(2) 掌握余额与发生额试算平衡的方法。

动画视频：试算平衡

一、试算平衡的基本原理

试算平衡的基本原理在于会计的记账规则为“有借必有贷，借贷必相等”。基于此，每项业务均应在借方和贷方以相等金额同时登记，所以到期末时，全部账户借方发生额之和和贷方发生额之和必定相等，由此期末全部账户借方余额之和与贷方余额之和必定相等。试算平衡有余额试算和发生额试算两种类型，其中余额试算又分期初余额的试算平衡和期末余额的试算平衡。

二、余额与发生额试算平衡的步骤

期初余额、本期发生额和期末余额的试算平衡可以通过以下步骤实施：

(1) 在草稿纸上(或运用 Excel 表)给每一个总账账户开设“T”型账户。

(2) 将期初余额过入“T”型账户中。

(3) 按当期业务发生的顺序，将每笔业务的发生额过入“T”型账户，并标上业务的序号，以便于不平衡时查找问题，计算出本期发生额合计数。

(4) 结出“T”型账户中每个账户的期末余额。

(5) 将所有总账科目的期初余额、本期发生额和期末余额过入试算平衡表，分别计算出发生额和余额的借方、贷方合计数。

(6) 判断期初余额、本期发生额和期末余额三项的借、贷方合计数是否分别相等，如借方与贷方不等，应当查找原因。

三、试算不平衡的原因与应对技巧

1. 可能导致试算不平衡的原因

（1）计算错误，包括发生额合计、期末余额计算可能存在错误。

（2）过账错误，即数据从记账凭证过入“T”型账户中或从“T”型账户过入试算平衡表的过程中可能存在数据有误的情形。

（3）记账错误，即记账时出现了一方漏记、重记、金额写错的情形。

2. 试算不平衡的应对技巧

（1）检查合计是否准确无误。若期末余额借贷方合计不相等，而期初余额和发生额试算平衡，则检查每个账户的余额计算是否正确。

（2）核对过账是否准确无误。检查数据从记账凭证过入“T”型账户中或从“T”型账户过入试算平衡表时是否存在错误。

（3）检查记账错误，具体方法如下：

一是运用“差额法”查找记账错误。当试算结果出现借贷双方金额不一致时，将借贷两方金额相减，根据差额来查找线索。此方法可用于查找漏记一方金额的情况。

二是运用“除二法”查找错误。将借、贷两方金额相减，用差额除以 2，查找跟商数一致的金额。该方法主要适用于借方或贷方金额重记的情况。

三是运用“除九法”查找错误。主要适用于以下情形：

❶ 数字移位，也称大小数，这是日常工作中较容易发生的差错，两者差数的每个数字之和是 9 的倍数，将差数用 9 除得的商就是错账数。例如将 2 000 错记为 200，它的差数为 1 800，差数为 9 的倍数，将差数用 9 除得的商是 200，只要查找数字“200”就能查到记账移位的错误了。再如，将 20 000 错记为 2 000，两者的差数为 18 000，差数为 9 的倍数，将差数用 9 除得的商为 2 000，只要查找到数字“2 000”即能找到问题所在。

❷ 两数前后颠倒，就是错账差数用 9 除得的商是错数前后两数之差，如将 98 写成 89，差数是 9，错数前后两数之差是 1；82 写成 28，差数是 54，除以 9 得 6，错数前后两数之差即为 6。

❸ 三个数字前后颠倒，三位数前后颠倒的错账差数都是 99 的倍数，差数用 99 除得的商即是三位数中前后两数之差。三位数头与尾两数之差是 1，那么数字颠倒后的差数是 99，如 100 与 001、998 与 899。

项目七　编制会计报表

实训任务：

（1）了解会计报表编制的原理。

（2）掌握资产负债表的编制。

（3）掌握利润表的编制。

动画视频：编制会计报表

一、会计报表编制的流程

在实际工作中通常按图 7-1 所示的顺序来编制会计报表，本实训中主要练习资产负债表和利润表的编制。

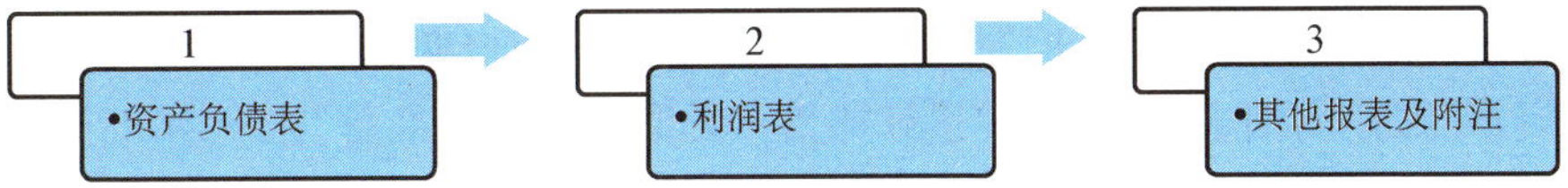

图 7-1　报表编制顺序

二、资产负债表的编制

1. 资产负债表的编制流程

资产负债表整体编制的实训流程如图 7-2 所示。

实务工作中，编制年度资产负债表需要填报两年的比较数据，报表中所列“期初余额”指上个年度的年末余额，“期末余额”指当年年末余额。

本实训项目以方法训练为主要目标，集中于月度资产负债报表编制方法的训练。在“利润表”中，“期初余额”采用 12 月的期初余额数据，期末余额采用 12 月的期末余额数据。

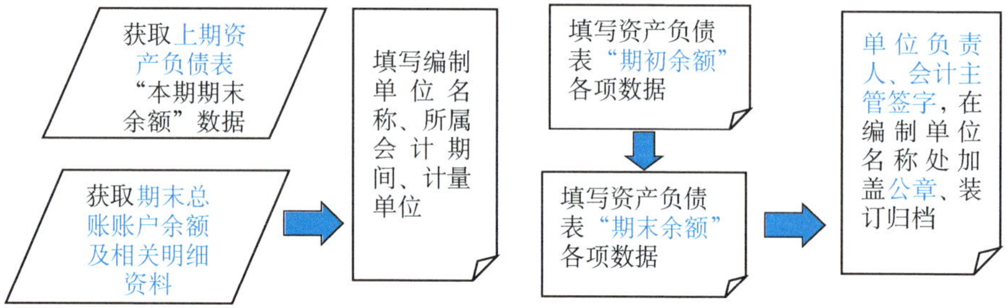

图 7-2　资产负债表编制的实训流程

2. 资产负债表中的“期初数”的填列方法

“期初数”栏内各项目数字，应根据上期期末资产负债表中的“期末数”栏内所列数字填列。本实训项目中，取 11 月月末余额，即 12 月期初余额。

3. 资产负债表中的“期末数”的填列方法

方法一：根据总账账户的余额直接填列。

大部分项目根据有关账户总账账户的期末余额直接填列。如“应收票据”“固定资产清理”“短期借款”“应付票据”“应付职工薪酬”“应付利息”“应付股利”“应交税费”“其他应付款”“实收资本”“盈余公积”“资本公积”等项目。

方法二：根据总账账户的余额计算填列。

（1）“货币资金”项目，根据“库存现金”“银行存款”“其他货币资金”账户的期末余额合计填列。

（2）“固定资产”项目，根据“固定资产”账户减去“累计折旧”“固定资产减值准备”账户期末余额后的净额填列。

（3）“无形资产”项目，根据“无形资产”账户的期末余额减去“累计摊销”“无形资产减值准备”账户期末余额的净额填列。

（4）“在建工程”项目，应根据其总账账户的期末余额减去其相应减值准备后的净额填列。

（5）“未分配利润”项目，根据“本年利润”账户和“利润分配”账户的余额计算填列。未弥补的亏损，在本项目内以“－”号反映。

方法三：根据明细账账户的余额计算填列。

（1）“应收账款”项目，根据“应收账款”和“预收账款”所属各明细账账户的期末借方余额合计，减去“坏账准备”账户中有关应收账款计提的坏账准备期末余额后的净额填列。

（2）“应付账款”项目，根据“应付账款”和“预付账款”所属各明细账账户期末贷方余额合计填列。

（3）“预收款项”项目，根据“应收账款”和“预收账款”所属各明细账账户期末贷方余额合计填列。

（4）“预付账款”项目，根据“预付账款”和“应付账款”所属各明细账账户的期末借方余额合计数，减去“坏账准备”账户中有关预付账款计提的坏账准备期末余额后的净额填列。

（5）“应付职工薪酬”项目，根据“应付职工薪酬——工资”“应付职工薪酬——职工福利费”等明细账户期末余额合计填列。

方法四：根据总账和明细账余额计算填列。

如“长期借款”项目，需要根据“长期借款”总账科目余额扣除其所属明细账科目中将在1年内到期，且企业不能自主地将清偿义务展期的部分后的净额计算填列。

方法五：综合运用上述填列方法分析填列。

如“存货”项目，根据“在途物资”“材料采购”“原材料”“周转材料”“库存商品”“委托加工物资”“发出商品”“材料成本差异”等总账账户的期末余额分析汇总数，减去“存货跌价准备”账户余额后的净额填列。本实训中，“存货”可根据“在途物资”“原材料”“库存商品”三个账户的余额填列。

三、利润表的编制

1. 利润表的编制流程

实务工作中，编制年度利润表需要填报两年的比较数据。其中，“上期金额”指上个年度的发生额累计数，“本期金额”指当年的发生额累计数。本实训项目以方法训练为主要目标，集中于月度利润表编制方法的训练。在“利润表”中，“上期金额”采用11月份的数据，本期金额采用12月份的数据，11月份的数据请在项目三“表3-6　杭州市永兴公司1—11月利润表项目资料”中查找，有兴趣的同学也可以根据该资料中的累计数据进一步编制年度利润表。

利润表编制的实训流程如图7-3所示。

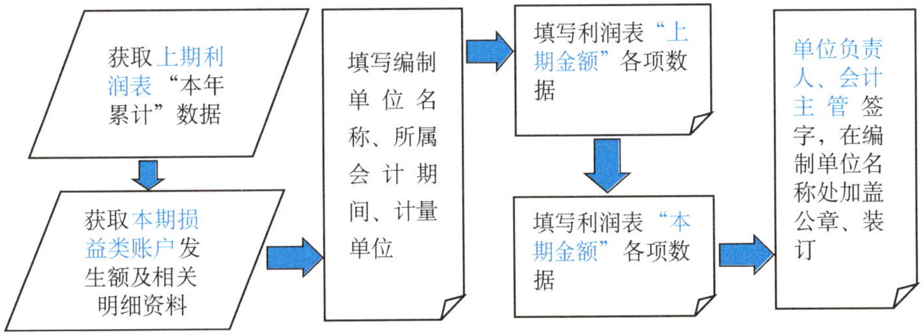

图7-3　利润表编制的实训流程

2. 利润表的编制方法

利润表的编制依据是“收入－费用＝利润”这一会计等式。编制方法有“单步式”和“多步式”两种。

本实训任务采用“多步式”方法计算当期利润，具体步骤如下：

（1）以营业收入为基础，减去营业成本、税金及附加、销售费用、管理费用、财务费用、资产减值损失，加上公允价值变动收益（减去公允价值变动损失)和投资收益(减去投资损失),计算出营业利润。其中,营业收入包括主营业务收入和其他业务收入,营业成本包括主营业务成本和其他业务成本。

(2) 以营业利润为基础,加上营业外收入,减去营业外支出,计算出利润总额。

(3) 以利润总额为基础,减去所得税费用,计算出净利润(或净亏损)。

项目八　完成实训

实训任务：

（1）进行实训资料的归档。

（2）撰写实训报告。

（3）按要求提交实训成果。

实操视频：凭证的手工穿线装订方法

一、实训资料归档

1. 原始凭证与会计凭证、科目汇总表的汇总与装订

（1）将会计凭证按业务顺序，依照“科目汇总表和记账凭证放上、原始凭证附在记账凭证后”的规则，整理好所有的会计凭证。

（2）将会计凭证的封面和封底、护角线纸均裁下来，封面和封底分别附在会计凭证的前面和后面。

（3）将护角放在凭证左上角，凭证的两边都用夹子夹住，根据护角线上的标识，用装订机在左上角小三角的底线上均匀地打两个洞。

（4）装订时用线绳从洞中穿过，在凭证的背面打线结，最好在凭证中端系上。

实操视频：凭证的铆管装订方法

以上（3）、（4）两步如果是用铆管装订机打洞和装订，则改为用铆管替代线绳，只需将铆管插入打好的洞中，机器将根据打孔材料的厚度自动切出相应长度的铆管段，将其插入打好的装订孔洞，然后将凭证放在热熔器下，将定芯轴插入铆管中，压手柄热铆，再拔出定芯轴，取出文件即可。

（5）将护角左上侧折，并将一侧剪开至凭证的左上角，然后涂上胶水，再向后折叠，将侧面和背面的线绳扣粘死。

（6）在会计凭证的脊背上填写年和月、凭证起止号数、凭证册序（第几册）、凭证册数（共几册）。

（7）在凭证封面上填写起止日期、账册编号，凭证种类、起止号数、凭证张数、附件张数、会计档案的卷宗号及保管年限等。

（8）在装订线封签处签名或盖章，再进行归档。

注意装订凭证厚度一般为 1.5 厘米，凭证过多时可以一个月多装订几本，凭证不多时也可以按月合订一本，每个月都应重新编号，如业务特别

少的情况下，也可以全年按顺序编号。

2. 资产负债表、利润表归档

取出会计报表封面和封底，将资产负债表、利润表进行归档装订。

二、撰写实训报告

基础会计综合模拟实训报告撰写的内容包括：

（1）基础会计综合模拟实训的目的。

（2）基础会计综合模拟实训过程。

（3）实训体会与建议。

三、提交实训成果

基础会计综合模拟实训的成果提交清单如表8-1所示。

表8-1 实训成果提交清单

序号	成果内容	成果形式	备注
1	总账与明细账的建立、账簿的登记	会计账簿：总账、库存现金日记账、银行存款日记账、明细账	分别装订
2	原始凭证的填制和审核	会计凭证	合并装订
3	记账凭证的填制和审核		
4	试算平衡	发生额试算平衡表和余额试算平衡表	过程性草表
5	会计报表的编制	资产负债表1份、利润表1份	合并装订
6	实训报告	实训报告1份	单独装订

下 篇

基础会计综合模拟实训资料

一	杭州永兴公司 2021 年 12 月经济业务原始凭证	
二	基础会计综合模拟实训用会计资料及封皮	1. 基础会计综合模拟实训用记账凭证
		2. 基础会计综合模拟实训用账页
		3. 基础会计综合模拟实训用科目汇总表
		4. 基础会计综合模拟实训用试算平衡表
		5. 基础会计综合模拟实训用会计报表
		6. 各类会计档案封皮

一、杭州永兴公司 2021 年 12 月份的经济业务原始凭证

业务 1 $\frac{1}{4}$

销售通知单

日期：2021-12-01　　　　编号：

采购单位：	嘉兴市运达贸易公司					
产品名称	型号	单位	数量	单价	金额（元/不含税）	税率
空气净化器	EP-1型	台	300	2000	600000.00	13%
空气净化器	EP-2型	台	500	3000	1500000.00	13%
合　计					2100000.00	

产品销售：

合同：☑ 有　☐ 无

客户开票信息：（☐ 普通发票　☑ 专用发票）

单位名称：嘉兴市运达贸易公司

税号：91330400204123769 45A

开户银行及账号 中国工商银行嘉兴市支行 9558 8230 4532 7690 734

地址及电话：嘉兴市南湖区新闸街道城南路23号 0573-82030881

备注：（请填写开票要求）商品内容请填写：

销售助理或销售经理	王一	部门经理	李二	分管总经理	张三	总经理	赵四

业务 1 $\frac{2}{4}$

中国工商银行进账单（收账通知）　　3

2021 年 12 月 01 日

出票人	全　称	嘉兴市运达贸易公司	收款人	全　称	杭州市永兴公司
	账　号	9558 8230 4532 7690 734		账　号	9558 8000 3657 8980 236
	开户银行	中国工商银行嘉兴市支行		开户银行	中国工商银行杭州市支行
金额	人民币（大写）	贰佰叁拾柒万叁仟元整		千百十万千百十元角分	¥ 2 3 7 3 0 0 0 0 0
票据种类	转账支票	票据张数	1		
票据号码	15026524				
	复核　　记账			收款人开户银行盖章	

此联是收款人开户银行交给收款人的收账通知

业务 1 $\frac{2}{4}$

中国工商银行进账单（收账通知）　　3

2021 年 12 月 01 日

出票人	全　称	嘉兴市运达贸易公司	收款人	全　称	杭州市永兴公司
	账　号	9558 8230 4532 7690 734		账　号	9558 8000 3657 8980 236
	开户银行	中国工商银行嘉兴市支行		开户银行	中国工商银行杭州市支行
金额	人民币（大写）	贰佰叁拾柒万叁仟元整		千百十万千百十元角分	¥ 2 3 7 3 0 0 0 0 0
票据种类	转账支票	票据张数	1		
票据号码	15026524				
	复核　　记账			收款人开户银行盖章	

此联是收款人开户银行交给收款人的收账通知

业务1 $\frac{3}{4}$

3300092620

浙江增值税专用发票

此联不作报销、扣税凭证使用

№ 15434142　　3300092620

15434142

开票日期：2021年12月01日

购买方	名　　称：嘉兴市运达贸易公司 纳税人识别号：9133040020412376945A 地址、电话：嘉兴市南湖区新闸街道城南路23号0573-82030881 开户行及账号：中国工商银行嘉兴市支行9558823045327690734				密码区	4</73**8-/+7+358/3*1761*6448 241<38*91<457<66812003+0/651 8/863<*55>*+4752+32/48<11*4/ 9++4/<*311<+*227-1398689495-	
货物或应税劳务、服务名称	规格型号	单位	数量	单价	金额	税率	税额
*空调*空气净化器	EP-1型	台	300	2000.00	600000.00	13%	78000.00
*空调*空气净化器	EP-1型	台	500	3000.00	1500000.00	13%	195000.00
合　　计					¥2100000.00		¥273000.00
价税合计（大写）	⊗ 贰佰叁拾柒万叁仟圆整				（小写）¥2373000.00		
销售方	名　　称：杭州市永兴公司 纳税人识别号：9133010320314965389A 地址、电话：杭州市滨江区江南大道1066号0571-86730345 开户行及账号：中国工商银行杭州市支行9558800036578980236				备注		

收款人：陈心乐　　复核：　　开票人：王用心　　销售方：（章）

税总函［2021］257号浙江印钞厂

第一联：记账联　销售方记账凭证

业务1 $\frac{4}{4}$

出库单　No 242

会计部门编号 01
仓库部门编号 01

2021 年12 月01 日

编号	名称	规格	单位	出库数量	单价	金额	备注
1	空气净化器	EP-1型	台	300	2000	600000	
2	空气净化器	EP-2型	台	500	3000	1500000	
合计						2100000	

第二联交财务部

生产车间或部门:车间1　　仓库管理员：艾认真

业务1 $\frac{4}{4}$

出库单　No 242

会计部门编号 01
仓库部门编号 01

2021 年12 月01 日

编号	名称	规格	单位	出库数量	单价	金额	备注
1	空气净化器	EP-1型	台	300	2000	600000	
2	空气净化器	EP-2型	台	500	3000	1500000	
合计							

第二联交财务部

生产车间或部门:车间1　　仓库管理员：艾认真

业务 2 $\frac{1}{6}$

收 料 单

发票号码： 13653421　　2021 年 12 月 01 日　　编号：124

供应单位： 无锡市环宇公司　　收料仓库：原料库

材料类别：

材料/编号	物料名称	规格型号	单位	数量		实际成本				
				应收	实收	买价		运杂费	其他	合计
						单价	金额			
略	电子件		套	800	800	325.00	260 000.00	1 000.00		261 000.00
合计							260 000.00	1 000.00		261 000.00

第一联 存根

采购员：刘五　　检验员：席仔细　　记账员：王用心　　保管员：艾认真

业务 2 $\frac{2}{6}$

付款申请书

2021 年 12 月 01 日

用途及情况	金额										收款单位（人）：无锡市环宇公司			
购买电子件	千	百	十	万	千	百	十	元	角	分	账号：9558 8342 6587 2389 365			
		¥	2	9	4	8	9	0	0	0	开户行：中国工商银行无锡市支行			
金额（大写）合计：	人民币 贰拾玖万肆仟捌佰玖拾元整										电汇：☐	汇票：☐	转账：☑	
总经理	赵四	财务部门	经理	林严谨							申请部门	经理	贺六	
			会计	王用心								经办人	刘五	

业务 2 $\frac{3}{6}$

3200134140

江苏增值税专用发票

发 票 联

№ 13653422　　3200134140

13653422

开票日期：2021年12月01日

购买方	名　　称：杭州市永兴公司 纳税人识别号：9133010320314965389A 地 址 、电 话：杭州市滨江区江南大道1066号0571-86730345 开户行及账号：中国工商银行杭州市支行9558800036578980236				密码区	4</73**8-/+7+358/3*1761*6448 241<38*91<457<66812003+0/651 8/863<*55>*+4752+32/48<11*4/ 9++4/<*311<+*227-1398689495-		
货物或应税劳务、服务名称	规格型号	单位	数量	单价	金额	税率	税额	
*运输服务*运输服务费			1	1000.00	1000.00	9%	90.00	
合　　计					¥1000.00		¥90.00	
价税合计（大写）	⊗ 壹仟零玖拾圆整				（小写）¥1090.00			
销售方	名　　称：江苏百世物流公司 纳税人识别号：91321200MA1XF4U53K 地 址 、电 话：泰州市高港高新区永丰路北侧0523-86233315 开户行及账号：中国工商银行泰州市支行9558874323964432774				备注			

第三联：发票联　购买方记账凭证

税总函〔2021〕257号浙江印钞厂

收款人：安心　　复核：　　开票人：宁然　　销售方：（章）

江苏百世物流公司 91321200MA1XF4U53K 发票专用章

业务2 3/6

3200134140 江苏增值税专用发票 № 13653422 3200134140

发票联

13653422

开票日期：2021年12月01日

购买方	名称：杭州市永兴公司 纳税人识别号：9133010320314965389A 地址、电话：杭州市滨江区江南大道1066号0571-86730345 开户行及账号：中国工商银行杭州市支行9558800036578980236				密码区	4</73**8-/+7+358/3*1761*6448 241<38*91<457<66812003+0/651 8/863<*55>*+4752+32/48<11*4/ 9++4/<*311<+*227-1398689495-		
货物或应税劳务、服务名称	规格型号	单位	数量	单价	金额	税率	税额	
*运输服务*运输服务费			1	1000.00	1000.00	9%	90.00	
合计					¥1000.00		¥90.00	
价税合计（大写）	⊗壹仟零玖拾圆整				（小写）¥1090.00			
销售方	名称：江苏百世物流公司 纳税人识别号：91321200MA1XF4U53K 地址、电话： 开户行及账号：中国工商银行泰州市支行9558874323964432774				备注			

收款人：安心　复核：　开票人：宁然　销售方：（章）

税总函〔2021〕257号浙江印钞厂

第三联：发票联　购买方记账凭证

业务2 4/6

中国工商银行
转账支票存根

附加信息

出票日期 2021 年12 月01 日

收款人：	无锡市环宇公司
金额：	¥293 800.00
用途：	支付货款

单位主管 林严谨　会计 陈心乐

业务2 5/6

中国工商银行
转账支票存根

附加信息

出票日期 2021 年12 月01 日

收款人：	江苏百世物流公司
金额：	¥1 090.00
用途：	支付运费

单位主管 林严谨　会计 陈心乐

业务2 6/6

3200134160 江苏增值税专用发票 № 13653421 3200134160

发票联

13653421

开票日期：2021年12月01日

购买方	名称：杭州市永兴公司 纳税人识别号：9133010320314965389A 地址、电话：杭州市滨江区江南大道1066号0571-86730345 开户行及账号：中国工商银行杭州市支行9558800036578980236				密码区	4</73**8-/+7+358/3*1761*6448 241<38*91<457<66812003+0/651 8/863<*55>*+4752+32/48<11*4/ 9++4/<*311<+*227-1398689495-		
货物或应税劳务、服务名称	规格型号	单位	数量	单价	金额	税率	税额	
*电子元件*电子件		套	800	325.00	260000.00	13%	33800.00	
合计					¥260000.00		¥33800.00	
价税合计（大写）	⊗贰拾玖万叁仟捌佰圆整				（小写）¥293800.00			
销售方	名称：无锡市环宇公司 纳税人识别号：9132020120434376592A 地址、电话：江苏省无锡市通江大道108号0510-81188220 开户行及账号：中国工商银行无锡市支行9558834265872389365				备注			

收款人：张安全　复核：　开票人：王逍遥　销售方：（章）

税总函〔2021〕257号浙江印钞厂

第三联：发票联　购买方记账凭证

业务 3 $\frac{1}{2}$

付款申请书

2021 年 12 月 01 日

用途及情况	金额										收款单位（人）：嘉兴塑胶制品有限公司		
偿还应付账款	千	百	十	万	千	百	十	元	角	分	账号：9558 8230 4532 8153 328		
			¥	2	0	0	0	0	0	0	开户行：中国工商银行嘉兴市支行		
金额（大写）合计：	人民币 贰万元整										电汇：☐	汇票：☐	转账：☑
总经理 赵四	财务部门				经理 林严谨						申请部门	经理 贺六	
					会计 王用心							经办人 刘五	

业务 3 $\frac{2}{2}$

中国工商银行
转账支票存根

附加信息

出票日期 2021 年12 月01 日

收款人：	嘉兴塑胶制品有限公司
金　额：	¥20000.00
用　途：	支付货款

单位主管 林严谨　　会计 陈心乐

业务 4

领　料　单

仓库：原料库　　2021 年 12 月 01 日　　领料单编号：121

编号	类别	物料名称	规格	单位	数量		实际价格	
					请领	实发	单价	金额
1		电子件		套	660	660		
2		电子智控件		件	300	300		
3		塑胶件		件	500	500		
4		滤材		套	540	540		
合计								
用途	生产EP2空净器				领料部门		发料部门	
					负责人	领料人	核准人	发料人
					王贝	林一	席仔细	艾认真

第三联 交财务

业务 5 $\frac{1}{6}$

请购审批单

2021 年 12 月 02 日　　　　编号:151

序号	购进货物/服务品名	单位	单价(元)	数量	总金额(元)	增值税(元)	小计(元)
1	电子件	件	340.00	200	68 000.00	8 840.00	76 840.00
2	运输服务	无锡—杭州	300.00	1	300.00	27.00	327.00
合计			—	—	68 300.00	8 867.00	77 167.00

审核:王用心　　制单:刘五　　部门经理:贺六　　请购:刘五

业务 5 $\frac{2}{6}$

付款申请书

2021 年 12 月 02 日

<table>
<tr><td colspan="2">用途及情况</td><td colspan="10">金额</td><td colspan="6">收款单位（人）： 无锡市环宇公司</td></tr>
<tr><td colspan="2" rowspan="2">购买电子件</td><td>千</td><td>百</td><td>十</td><td>万</td><td>千</td><td>百</td><td>十</td><td>元</td><td>角</td><td>分</td><td colspan="6">账号： 9558 8342 6587 2389 365</td></tr>
<tr><td></td><td></td><td>¥</td><td>7</td><td>7</td><td>1</td><td>6</td><td>7</td><td>0</td><td>0</td><td colspan="6">开户行： 中国工商银行无锡市支行</td></tr>
<tr><td colspan="2">金额（大写）合计：</td><td colspan="10">人民币 柒万柒仟壹佰陆拾柒元整</td><td colspan="2">电汇：☐</td><td colspan="2">汇票：☐</td><td colspan="2">转账：☑</td></tr>
<tr><td rowspan="2">总经理</td><td rowspan="2">赵四</td><td colspan="6" rowspan="2">财务部门</td><td colspan="2">经理</td><td colspan="2">林严谨</td><td colspan="2" rowspan="2">申请部门</td><td colspan="2">经理</td><td colspan="2">贺六</td></tr>
<tr><td colspan="2">会计</td><td colspan="2">王用心</td><td colspan="2">经办人</td><td colspan="2">刘五</td></tr>
</table>

业务 5 $\frac{2}{6}$

付款申请书

2021 年 12 月 02 日

<table>
<tr><td colspan="2">用途及情况</td><td colspan="10">金额</td><td colspan="6">收款单位（人）： 无锡市环宇公司</td></tr>
<tr><td colspan="2" rowspan="2">购买电子件</td><td>千</td><td>百</td><td>十</td><td>万</td><td>千</td><td>百</td><td>十</td><td>元</td><td>角</td><td>分</td><td colspan="6">账号： 9558 8342 6587 2389 365</td></tr>
<tr><td></td><td></td><td></td><td>7</td><td>7</td><td>1</td><td>6</td><td>7</td><td>0</td><td>0</td><td colspan="6">开户行： 中国工商银行无锡市支行</td></tr>
<tr><td colspan="2">金额（大写）合计：</td><td colspan="10">人民币 柒万柒仟壹佰陆拾柒元整</td><td colspan="2">电汇：☐</td><td colspan="2">汇票：☐</td><td colspan="2">转账：☑</td></tr>
<tr><td rowspan="2">总经理</td><td rowspan="2">赵四</td><td colspan="6" rowspan="2">财务部门</td><td colspan="2">经理</td><td colspan="2">林严谨</td><td colspan="2" rowspan="2">申请部门</td><td colspan="2">经理</td><td colspan="2">贺六</td></tr>
<tr><td colspan="2">会计</td><td colspan="2">王用心</td><td colspan="2">经办人</td><td colspan="2">刘五</td></tr>
</table>

业务 5 $\frac{3}{6}$

3200134120　　江苏增值税专用发票　　№ 13653423　3200134120

发票联

13653423

开票日期：2021年12月02日

购买方	名　　称：杭州市永兴公司 纳税人识别号：913301032031496538 9A 地 址、电 话：杭州市滨江区江南大道1066号0571-86730345 开户行及账号：中国工商银行杭州市支行9558800036578980236			密码区	4</73**8-/+7+358/3*1761*6448 241<38*91<457<66812003+0/651 8/863<*55>*+4752+32/48<11*4/ 9++4/<*311<+*227-1398689495-		
货物或应税劳务、服务名称	规格型号	单位	数量	单价	金额	税率	税额
*电子元件*电子件		套	200	340.00	68000.00	13%	8840.00
合　　计					¥68000.00		¥8840.00
价税合计（大写）	⊗ 柒万陆仟捌佰肆拾圆整				（小写）¥76840.00		
销售方	名　　称：无锡市环宇公司 纳税人识别号：91320201204343765 92A 地 址、电 话：江苏省无锡市通江大道108号0510-81188220 开户行及账号：中国工商银行无锡市支行9558834265872389365			备注			

收款人：张安全　　复核：　　开票人：王逍遥　　销售方：（章）

第三联：发票联　购买方记账凭证

税总函〔2021〕257号浙江印钞厂

业务 5 $\frac{4}{6}$

3200134110　　江苏增值税专用发票　　№ 13653424　3200134110

发票联

13653424

开票日期：2021年12月02日

购买方	名　　称：杭州市永兴公司 纳税人识别号：913301032031496538 9A 地 址、电 话：杭州市滨江区江南大道1066号0571-86730345 开户行及账号：中国工商银行杭州市支行9558800036578980236			密码区	4</73**8-/+7+358/3*1761*6448 241<38*91<457<66812003+0/651 8/863<*55>*+4752+32/48<11*4/ 9++4/<*311<+*227-1398689495-		
货物或应税劳务、服务名称	规格型号	单位	数量	单价	金额	税率	税额
*运输服务*运输服务费			1	300.00	300.00	9%	27.00
合　　计					¥300.00		¥27.00
价税合计（大写）	⊗ 叁佰贰拾柒圆整				（小写）¥327.00		
销售方	名　　称：江苏百世物流公司 纳税人识别号：91321200MA1XF4U53K 地 址、电 话：泰州市高港高新区永丰路北侧0523-86233315 开户行及账号：中国工商银行泰州市支行9558874323964432774			备注			

收款人：安心　　复核：　　开票人：宁然　　销售方：（章）

第三联：发票联　购买方记账凭证

税总函〔2021〕257号浙江印钞厂

业务 5 $\frac{5}{6}$

中国工商银行　　托收凭证（付款通知）　　5

委托日期　2021 年 12 月 02 日　　付款期限　2021 年 12 月 11 日

业务类型	委托收款（☑邮划、☐电划）　托收承付（☐邮划、☐电划）				
付款人	全称：杭州市永兴公司 账号：9558800036578980236 地址：浙江 省 杭州 市/县　开户行：中国工商银行杭州市支行		收款人	全称：无锡市环宇公司 账号：9558834265872389365 地址：江苏 省 无锡 市/县　开户行：中国工商银行无锡市支行	
金额	人民币（大写）柒万柒仟壹佰陆拾柒元整			亿 千 百 十 万 千 百 十 元 角 分 ¥ 7 7 1 6 7 0 0	
款项内容	电子件货款	托收凭据名称		附寄单证张数	1
商品发运情况				合同名称号码	
备注： 付款人开户银行收到日期　年　月　日 复核　记账		付款人开户银行签章 2021 年 12 月 02 日		付款人注意： 1. 根据支付结算方法，上列委托收款（托收承付）款项在付款期内未提出拒付，即视为同意付款，以此代付款通知。 2. 如需提出全部或部分拒付，应在规定期内，将拒付理由书并附债务证明退交开户银行。	

此联付款人开户银行给付款人按期付款通知

（2021）10×17.5公分 文15 海宣印刷 0152165011866

业务5 $\frac{6}{6}$

收 料 单

发票号码：　　2021 年 12 月 02 日　　编号：160

供应单位：无锡市环宇公司　　收料仓库：原料库

材料类别：

材料/编号	物料名称	规格型号	单位	数量		实际成本				
				应收	实收	买价 单价	买价 金额	运杂费	其他	合计
	电子件		套	200	200	340	68000	300		68300
合计										68300

第一联 存根

采购员：刘五　　检验员：席仔细　　记账员：王用心　　保管员：艾认真

业务6 $\frac{1}{6}$

请购审批单

2021 年 12 月 03 日　　编号：152

序号	购进货物/服务品名	单位	单价(元)	数量	总金额(元)	增值税(元)	小计(元)
1	包装箱	个	25.00	800	20 000.00	2 600.00	22 600.00
2	运输服务	义乌—杭州	600.00	1	600.00	54.00	654.00
合计			—	—	20 600.00	2 654.00	23 254.00

审核：王用心　　制单：刘五　　部门经理：贺六　　请购：刘五

业务6 $\frac{2}{6}$

付款申请书

2021 年 12 月 03 日

用途及情况	金额										收款单位（人）：义乌绿源包装公司
购买包装物，现金支付运费654	千	百	十	万	千	百	十	元	角	分	账号：9558 8452 5644 8253 573
			¥	2	3	2	5	4	0	0	开户行：中国工商银行义乌市支行

金额（大写）合计：	人民币 贰万叁仟贰佰伍拾肆元整	电汇：☐	汇票：☑	转账：☐

总经理	赵四	财务部门	经理	林严谨	申请部门	经理	贺六
			会计	王用心		经办人	刘五

业务6 $\frac{3}{6}$

浙江增值税专用发票

3300092671

发票联

№ 13653642 3300092671

13653642

开票日期：2021年12月03日

购买方	名称：杭州市永兴公司 纳税人识别号：913301032031496538 9A 地址、电话：杭州市滨江区江南大道1066号0571-86730345 开户行及账号：中国工商银行杭州市支行9558800036578980236	密码区	4</73**8-/+7+358/3*1761*6448 241<38*91<457<66812003+0/651 8/863<*55>*+4752+32/48<11*4/ 9++4/<*311<+*227-1398689495-

货物或应税劳务、服务名称	规格型号	单位	数量	单价	金额	税率	税额
*塑料制品*包装物		个	800	25.00	20000.00	13%	2600.00
合计					¥20000.00		¥2600.00
价税合计（大写）	⊗ 贰万贰仟陆佰圆整				（小写） ¥22600.00		

销售方	名称：义乌绿源包装公司 纳税人识别号：91330782MA2HR8D59J 地址、电话：浙江义乌市兴工路18号0579-85679508 开户行及账号：中国工商银行义乌市支行9558845256448253573	备注	

收款人：王永进　　复核：　　开票人：刘富强　　销售方：（章）

税总函〔2021〕257号浙江印钞厂

第三联：发票联 购买方记账凭证

义乌绿源包装公司 91330782MA2HR8D59J 发票专用章

业务6 $\frac{4}{6}$

收料单

发票号码：　　2021 年 12 月 03 日　　编号：165

供应单位：义乌绿源包装公司　　收料仓库：包装物仓库

材料类别：包装物

材料/编号	物料名称	规格型号	单位	数量		实际成本				
				应收	实收	买价 单价	买价 金额	运杂费	其他	合计
	包装物		个	800	800	25	20000	600		20600
合计										20600

采购员：刘五　　检验员：席仔细　　记账员：王用心　　保管员：艾认真

第三联 记账

业务6 $\frac{5}{6}$

浙江增值税专用发票

3300092691

发票联

№ 13653643 3300092691

13653643

开票日期：2021年12月03日

购买方	名称：杭州市永兴公司 纳税人识别号：913301032031496538 9A 地址、电话：杭州市滨江区江南大道1066号0571-86730345 开户行及账号：中国工商银行杭州市支行9558800036578980236	密码区	4</73**8-/+7+358/3*1761*6448 241<38*91<457<66812003+0/651 8/863<*55>*+4752+32/48<11*4/ 9++4/<*311<+*227-1398689495-

货物或应税劳务、服务名称	规格型号	单位	数量	单价	金额	税率	税额
*运输服务*运输服务费			1	600.00	600.00	9%	54.00
合计					¥600.00		¥54.00
价税合计（大写）	⊗ 陆佰伍拾肆圆整				（小写） ¥654.00		

销售方	名称：义乌绿源包装公司 纳税人识别号：91330782MA2HR8D59J 地址、电话：浙江义乌市兴工路18号0579-85679508 开户行及账号：中国工商银行义乌市支行9558845256448253573	备注	

收款人：王永进　　复核：　　开票人：刘富强　　销售方：（章）

税总函〔2021〕257号浙江印钞厂

第三联：发票联 购买方记账凭证

义乌绿源包装公司 91330782MA2HR8D59J 发票专用章

业务6 $\frac{6}{6}$

商业承兑汇票

2　　00354729
20903162

出票日期（大写）　贰零贰壹 年 壹拾贰 月 零叁 日

付款人	全　称	杭州市永兴公司	收款人	全　称	义乌绿源包装公司
	账　号	9558800036578980236		账　号	9558845256448253573
	开户银行	中国工商银行杭州市支行		开户银行	中国工商银行义乌市支行
出票金额	人民币（大写）贰万贰仟陆佰元整			亿千百十万千百十元角分	¥ 2 2 6 0 0 0 0
汇票到期日（大写）	贰零贰壹年壹拾贰月壹拾叁日		付款人开户行	行号	381211596
交易合同号码				地址	杭州市滨江区江南大道1066号
本汇票请你行承兑，到期无条件付款。承兑人签章　承兑日期　年　月　日			汇票已予以承兑于到期日付款。出票人签章		

杭州市永兴公司 财务专用章　吴峰印章　中国工商银行杭州市支行 381211596 汇票专用章

此联收款人开户行随托收凭证寄付款行作借方凭证附件

业务7 $\frac{1}{4}$

收　料　单

2021 年 12 月 04 日　　编号：166

供应单位：嘉兴塑胶制品有限公司　　收料仓库：原材料仓库

材料类别：原材料

材料/编号	物料名称	规格型号	单位	数量		实际成本					
				应收	实收	买价 单价	买价 金额	运杂费	其他	合计
	塑胶件		件	400	400	180	180	800		72800.00
合计										72800.00

第三联 记账

采购员：刘五　检验员：席仔细　记账员：王用心　保管员：艾认真

业务7 $\frac{2}{4}$

3300092431　　浙江增值税专用发票　　№ 12485392　3300092431

发票联　　12485392

开票日期：2021年12月04日

购买方	名称：杭州市永兴公司 纳税人识别号：91330103203149653 89A 地址、电话：杭州市滨江区江南大道1066号0571-86730345 开户行及账号：中国工商银行杭州市支行9558800036578980236			密码区	4</73**8-/+7+358/3*1761*6448 241<38*91<457<66812003+0/651 8/863<*55>*+4752+32/48<11*4/ 9++4/<*311<+*227-1398689495-		
货物或应税劳务、服务名称	规格型号	单位	数量	单价	金额	税率	税额
*橡胶制品*塑胶件		件	400	180.00	72000.00	13%	9360.00
合计					¥72000.00		¥9360.00
价税合计（大写）	⊗ 捌万壹仟叁佰陆拾圆整				（小写）¥81360.00		
销售方	名称：嘉兴塑胶制品有限公司 纳税人识别号：913304022294284057A 地址、电话：嘉兴市南湖区新城北路18号0573-82035228 开户行及账号：中国工商银行嘉兴市支行9558823045328153328			备注	汇月已收款81 360元		

嘉兴塑胶制品有限公司 913304022294284057A 发票专用章

税总函〔2021〕257号浙江印钞厂

第三联：发票联 购买方记账凭证

收款人：方容　复核：　开票人：钟惠　销售方：（章）

业务7 $\frac{3}{4}$

3200134163　　江苏增值税专用发票　　№ 13653428　3200134163

发票联　　13653428

开票日期：2021年12月04日

购买方	名称：杭州市永兴公司 纳税人识别号：9133010320314965389A 地址、电话：杭州市滨江区江南大道1066号0571-86730345 开户行及账号：中国工商银行杭州市支行9558800036578980236	密码区	4</73**8-/+7+358/3*1761*6448 241<38*91<457<66812003+0/651 8/863<*55>*+4752+32/48<11*4/ 9++4/<*311<+*227-1398689495-

货物或应税劳务、服务名称	规格型号	单位	数量	单价	金额	税率	税额
*运输服务*运费			1	800.00	800.00	9%	72.00
合　计					¥800.00		¥72.00
价税合计（大写）	⊗ 捌佰柒拾贰圆整			（小写）¥872.00			

销售方	名称：江苏百世物流公司 纳税人识别号：91321200MA1XF4U53K 地址、电话：泰州市高港高新区永丰路北侧0523-86233315 开户行及账号：中国工商银行泰州市支行9558874323964432774	备注	（印章：江苏百世物流公司 91321200MA1XF4U53K 发票专用章）

收款人：安心　　复核：　　开票人：宁然　　销售方：（章）

税总函〔2021〕257号浙江印钞厂

第三联：发票联　购买方记账凭证

业务7 $\frac{4}{4}$

江苏百世物流公司

-872.00

交易成功

付款方式	余额宝
缴费说明	运费
创建时间	2021-12-04　09：28：21
订单号	2021120400003001460003171990

业务8 $\frac{1}{3}$

销售通知单

日期：2021-12-05　　编号：

采购单位：	杭州市富美公司					
产品名称	型号	单位	数量	单价	金额（元/不含税）	税率
空气净化器	EP-1型	台	150	2000	300000.00	13%
空气净化器	EP-2型	台	120	3000	360000.00	13%
合　计					660000.00	

产品销售：

合同：☑ 有　☐ 无

客户开票信息：（☐ 普通发票　☑ 专用发票）

单位名称：杭州市富美公司

税号：9133010820421775439A

开户银行及账号 中国工商银行杭州市支行，9558 8023 3389 2155 094

地址及电话：杭州市钱塘区学林街道15号 0571-86735388

备注：（请填写开票要求）商品内容请填写：

销售助理或销售经理	王一	部门经理	李二	分管总经理	张三	总经理	赵四

业务 8 $\frac{2}{3}$

3300092611 **浙江增值税专用发票** № 13765832

此联不作报销、扣税凭证使用

3300092611
13765832
开票日期：2021年12月05日

购买方	名　　称：杭州市富美公司 纳税人识别号：91330108204217754439A 地 址、电 话：杭州市钱塘区学林街道15号0571-86735388 开户行及账号：中国工商银行杭州市支行95588023333892155094				密码区	4</73**8-/+7+358/3*1761*6448 241<38*91<457<66812003+0/651 8/863<*55>*+4752+32/48<11*4/ 9++4/<*311<+*227-1398689495-		
货物或应税劳务、服务名称	规格型号	单位	数 量	单 价	金 额	税率	税 额	
*空调*空气净化器	EP-1型	台	150	2000.00	300000.00	13%	39000.00	
*空调*空气净化器	EP-1型	台	120	3000.00	360000.00	13%	46800.00	
合　　计					¥660000.00		¥85800.00	
价税合计（大写）	⊗ 柒拾肆万伍仟捌佰圆整				（小写）¥745800.00			
销售方	名　　称：杭州市永兴公司 纳税人识别号：91330103203149653 89A 地 址、电 话：杭州市滨江区江南大道1066号0571-86730345 开户行及账号：中国工商银行杭州市支行95588000365789802 36				备注			

收款人：陈心乐　　复 核：　　开票人：王用心　　销售方：（章）

第一联：记账联　销售方记账凭证

税总函〔2021〕257号浙江印钞厂

业务 8 $\frac{3}{3}$

出库单　No 243

会计部门编号
仓库部门编号

2021 年 12 月 05 日

编号	名称	规格	单位	出库数量	单价	金额	备注
1	空气净化器	EP-1型	台	150	2 000	300 000	
2	空气净化器	EP-2型	台	120	3 000	360 000	
合　计						660 000	

第二联交财务部

生产车间或部门：车间1　　仓库管理员：艾认真

业务 9 $\frac{1}{2}$

付款申请书

2021 年 12 月 06 日

用途及情况	金额										收款单位（人）：无锡市环宇公司	
预付购货款	千	百	十	万	千	百	十	元	角	分	账号：9558 8342 6587 2389 365	
		¥	1	0	0	0	0	0	0	0	开户行：中国工商银行无锡市支行	
金额（大写）合计：	人民币 壹拾万元整										电汇：☐　汇票：☐	转账：☑
总经理	赵四	财务部门	经理	林严谨							申请部门	经理　贺六
			会计	王用心								经办人　刘五

业务 9 $\frac{2}{2}$

中国工商银行
转账支票存根

附加信息

出票日期 2021 年12 月06 日

收款人：	无锡市环宇公司
金 额：	¥100 000.00
用 途：	预付购货款

单位主管 林严谨 会计 陈心乐

西安西钞设备印制有限责任公司 · 2005 年印制

业务 9 $\frac{2}{2}$

中国工商银行
转账支票存根

附加信息

出票日期 2021 年12 月6 日

收款人：	无锡市环宇公司
金 额：	¥10 000.00
用 途：	预付购货款

单位主管 林严谨 会计 陈心乐

西安西钞设备印制有限责任公司 · 2005 年印制

业务 10

产品入库单

2021 年12 月08 日

产品编号	产品名称	计量单位	实收数量	单位成本	总成本	备注
EP-1型	空气净化器	台	280			
EP-2型	空气净化器	台	300			

主管：李二 保管：艾认真 交库：林一 会计：王用心

业务 11 $\frac{1}{4}$

销售通知单

日期：2021-12-08 编号：

采购单位：	上海市喜多多家电城					
产品名称	型号	单位	数量	单价	金额（元/不含税）	税率
空气净化器	EP-1	台	260	2000	520000.00	13%
空气净化器	EP-1	台	320	3000	960000.00	13%
合 计					1480000.00	

产品销售：

合同： ☑ 有 ☐ 无

客户开票信息：（ ☐ 普通发票 ☑ 专用发票）
单位名称：上海市喜多多家电城
税号：91310115MA1HBDF99B
开户银行及账号 中国工商银行上海分行，9558 8134 3235 8590 127
地址及电话：上海市金山区亭大公路7558号 021-65538682

备注：（请填写开票要求）商品内容请填写：

销售助理或销售经理	王一	部门经理	李二	分管总经理	张三	总经理	赵四

业务 11 $\frac{2}{4}$

3300092631 **浙江增值税专用发票** № 13765833 3300092631

此联不作报销、扣税凭证使用

13765833

开票日期：2021年12月08日

购买方	名　　称：上海市喜多多家电城 纳税人识别号：91310115MA1HBDF99B 地 址 、电 话：上海市金山区亭大公路7558号021-65538682 开户行及账号：中国工商银行上海分行9558813432358590127				密码区	4</73**8-/+7+358/3*1761*6448 241<38*91<457<66812003+0/651 8/863<*55>*+4752+32/48<11*4/ 9++4/<*311<+*227-1398689495-		
货物或应税劳务、服务名称	规格型号	单位	数量	单价	金额	税率	税额	
*空调*空气净化器	EP-1型	台	260	2000.00	520000.00	13%	67600.00	
*空调*空气净化器	EP-1型	台	320	3000.00	960000.00	13%	124800.00	
合　计					¥1480000.00		¥192400.00	
价税合计（大写）	⊗ 壹佰陆拾柒万贰仟肆佰圆整				（小写）¥1672400.00			
销售方	名　　称：杭州市永兴公司 纳税人识别号：9133010320314965389A 地 址 、电 话：杭州市滨江区江南大道1066号0571-86730345 开户行及账号：中国工商银行杭州市支行9558800036578980236				备注			

第一联：记账联　销售方记账凭证

税总函〔2021〕257号浙江印钞厂

收款人：陈心乐　　复核：　　开票人：王用心　　销售方：（章）

业务 11 $\frac{3}{4}$

出库单　No 244

会计部门编号
仓库部门编号

2021 年12 月08 日

编号	名称	规格	单位	出库数量	单价	金额	备注
1	空气净化器	EP-1型	台	260	2000	520000	
2	空气净化器	EP-2型	台	320	3000	960000	
合　计						1480000	

第二联交财务部

生产车间或部门:车间1　　仓库管理员：艾任真

业务 11 $\frac{4}{4}$

商业承兑汇票

2　00354729　20904591

出票日期（大写）　贰零贰壹 年 壹拾贰 月 零捌 日

付款人	全　称	上海市喜多多家电城	收款人	全　称	杭州市永兴公司
	账　号	9558813432358590127		账　号	9558800036578980236
	开户银行	中国工商银行上海分行		开户银行	中国工商银行杭州市支行
出票金额	人民币（大写）	壹佰陆拾柒万贰仟肆佰元整		亿千百十万千百十元角分	¥1672400000
汇票到期日（大写）	贰零贰壹年壹拾贰月零捌日		付款人开户行	行号	380011486
交易合同号码				地址	上海市滨康大道268号
本汇票请你行承兑，到期无条件付款。 承兑人签章 承兑日期　2021 年 12 月 08 日			本汇票已予以承兑于到期日付款。 出票人签章		

此联收款人开户行随托收凭证寄付款行作借方凭证附件

业务 12

委托收款凭证（收账通知）

4　第 00930 号

委托日期2021 年11 月05 日　　委托号码：

付款期限2021 年12 月09 日

付款人	全称	无锡兴业电器公司	收款人	全称	杭州市永兴公司	
	账号或地址	9558 8106 6743 2648 783		账号	9558 8000 3657 8980 236	
	开户银行	中国工商银行无锡市支行		开户银行	中国工商银行杭州市支行	行号 381211596
委收金额	人民币（大写）	玖万元整			千 百 十 万 千 百 十 元 角 分	¥ 9 0 0 0 0 0 0
款项内容	11月货款	委托收款凭据名称			附寄单证张数	1

备注

（印章：中国工商银行 转讫）

上列款项
1. 已全部或回收入你方账号。
2. 全部未收到

收款人开户盖章
2021 年 12 月 09 日

单位主管　　会计　　复核　　记账　　付款人开户银行收到日期　　年　月　日　支付日期　　年　月　日

此联付款人开户银行在款项收妥后给收款人的收账通知

业务 13 $\frac{1}{6}$

请购审批单

2021 年 12 月 09 日　　编号：153

序号	购进货物/服务品名	单位	单价（元）	数量	总金额（元）	增值税（元）	小计（元）
1	滤材	件	123.00	700	86 100.00	11 193.00	97 293.00
2	运输服务	东莞—杭州	1 200.00	1	1 200.00	108.00	1 308.00
合计			—	—	87 300.00	11 301.00	98 601.00

审核：王用心　　制单：刘五　　部门经理：贺六　　请购：刘五

业务 13 $\frac{2}{6}$

付款申请书

2021 年 12 月 09 日

用途及情况	金额	收款单位（人）：东莞市东方工厂
购货款	千 百 十 万 千 百 十 元 角 分 ¥ 9 8 6 0 1 0 0	账号：9558 8057 4678 8270 439 开户行：中国工商银行东莞市分行
金额（大写）合计：	人民币 玖万捌仟陆佰零壹元整	电汇：☐　汇票：☑　转账：☐
总经理　赵四	财务部门　经理 林严谨　会计 王用心	申请部门　经理 贺六　经办人 刘五

业务 13 $\frac{3}{6}$

4100092620

广东增值税专用发票

发票联

№ 12765846 4100092620

12765846

开票日期：2021年12月09日

购买方	名　　称：杭州市永兴公司 纳税人识别号：9133010320314965389A 地 址 、电 话：杭州市滨江区江南大道1066号0571-86730345 开户行及账号：中国工商银行杭州市支行9558800036578980236	密码区	4</73**8-/+7+358/3*1761*6448 241<38*91<457<66812003+0/651 8/863<*55>*+4752+32/48<11*4/ 9++4/<*311<+*227-1398689495-	

货物或应税劳务、服务名称	规格型号	单位	数 量	单 价	金 额	税率	税 额
*通用设备*滤材		件	700	123.00	86100.00	13%	11193.00
合　　计					¥86100.00		¥11193.00
价税合计（大写）	⊗ 玖万柒仟贰佰玖拾叁圆整				（小写）¥97293.00		

销售方	名　　称：东莞市东方工厂 纳税人识别号：91441900MA53W92A29 地 址 、电 话：广东省东莞市金河文明四街13号0769-88661482 开户行及账号：中国工商银行东莞市分行9558805746788270439	备注	东莞市东方工厂 91441900MA53W92A29 发票专用章

收款人：顾家汀　　复核：　　开票人：张平安　　销售方：（章）

税总函〔2021〕234号广东印钞有限公司

第三联：发票联　购买方记账凭证

业务 13 $\frac{4}{6}$

4100092620

广东增值税专用发票

发票联

№ 12765846 4100092620

12765846

开票日期：2021年12月09日

购买方	名　　称：杭州市永兴公司 纳税人识别号：9133010320314965389A 地 址 、电 话：杭州市滨江区江南大道1066号0571-86730345 开户行及账号：中国工商银行杭州市支行9558800036578980236	密码区	4</73**8-/+7+358/3*1761*6448 241<38*91<457<66812003+0/651 8/863<*55>*+4752+32/48<11*4/ 9++4/<*311<+*227-1398689495-	

货物或应税劳务、服务名称	规格型号	单位	数 量	单 价	金 额	税率	税 额
*运输服务*运输服务费			1	1200.00	1200.00	9%	108.00
合　　计					¥1200.00		¥108.00
价税合计（大写）	⊗ 壹仟叁佰零捌圆整				（小写）¥1308.00		

销售方	名　　称：东莞市东方工厂 纳税人识别号：91441900MA53W92A29 地 址 、电 话：广东省东莞市金河文明四街13号0769-88661482 开户行及账号：中国工商银行东莞市分行9558805746788270439	备注	东莞市东方工厂 91441900MA53W92A29 发票专用章

收款人：顾家汀　　复核：　　开票人：张平安　　销售方：（章）

税总函〔2021〕234号广东印钞有限公司

第三联：发票联　购买方记账凭证

业务 13 $\frac{5}{6}$

收 料 单

年　　月　　日

发票号码：　　编号：167

供应单位：东莞市东方工厂　　收料仓库：原材料仓库

材料类别：原材料

材料/编号	物料名称	规格型号	单位	数量		实际成本				
				应收	实收	买价		运杂费	其他	合计
						单价	金额			
	滤材		件	700	700	123	86100	1200		87300
合计										87300

采购员：刘五　　检验员：席仔细　　记账员：王用心　　保管员：艾认真

第三联 记账

业务 13 $\frac{5}{6}$

收 料 单

发票号码： 2021 年 12 月 09 日 编号：167

供应单位：东莞市东方工厂 收料仓库：原材料仓库

材料类别：原材料

材料/编号	物料名称	规格型号	单位	数量		实际成本				
				应收	实收	买价 单价	买价 金额	运杂费	其他	合计
	滤材		件	700	700	120	84 000	1 200		85 200
合计										

第三联 记账

采购员：刘五 检验员：席仔细 记账员：王用心 保管员：艾认真

业务 13 $\frac{6}{6}$

商业承兑汇票

2 00354729 20672763

出票日期（大写） 贰零贰壹 年 壹拾贰 月 零玖 日

付款人	全称	杭州市永兴公司	收款人	全称	东莞市东方工厂
	账号	9558800036578980236		账号	9558805746788270439
	开户银行	中国工商银行杭州市支行		开户银行	中国工商银行东莞市分行
出票金额	人民币（大写）	玖万捌仟陆佰零壹元整			
汇票到期日（大写）	贰零贰壹年零陆月零玖日		付款人开户行	行号	381211596
交易合同号码				地址	杭州市滨江区江南大道1066号

亿	千	百	十	万	千	百	十	元	角	分
			¥	9	8	6	0	1	0	0

本汇票请你行承兑，到期无条件付款。

承兑人签章

承兑日期 年 月 日

汇票已经承兑于到期日付款。

出票人签章

杭州市永兴公司 财务专用章

吴峰印章

中国工商银行杭州市分行 381211596 汇票专用章

此联收款人开户行随托收凭证寄付款行作借方凭证附件

业务 14

中国工商银行进账单（收账通知）

3

2021 年 12 月 10 日

出票人	全称	杭州市富美公司	收款人	全称	杭州市永兴公司
	账号	9558 8023 3389 2155 094		账号	9558 8000 3657 8980 236
	开户银行	中国工商银行杭州市支行		开户银行	中国工商银行杭州市支行
金额	人民币（大写）	玖万元整			
票据种类	转账支票	票据张数	1		
票据号码	16247839				

千	百	十	万	千	百	十	元	角	分
		¥	9	0	0	0	0	0	0

复核 记账

收款人开户银行盖章

此联是收款人开户银行交给收款人的收账通知

业务15 $\frac{1}{6}$

请购审批单

2021 年 12 月 10 日　　　　编号:154

序号	购进货物/服务品名	单位	单价(元)	数量	总金额(元)	增值税(元)	小计(元)
1	电子智控件	件	400.00	600	240 000.00	31 200.00	271 200.00
2	运输服务	上海—杭州单程	1 000.00	1	1 000.00	90.00	1 090.00
合计			—	—	241 000.00	31 290.00	272 290.00

审核:王用心　　制单:刘五　　部门经理:贺六　　请购:刘五

业务15 $\frac{2}{6}$

收料单

发票号码:　　2021 年 12 月 10 日　　编号:168

供应单位:上海新天科技公司　　收料仓库:原材料仓库

材料类别:原材料

材料/编号	物料名称	规格型号	单位	数量		实际成本					
				应收	实收	买价		运杂费	其他	合计	
						单价	金额				
	电子智控件		件	600	600	400	400	1 000		241 000	
合计										241 000	

第三联 记账

采购员:刘五　　检验员:席仔细　　记账员:王用心　　保管员:艾认真

业务15 $\frac{3}{6}$

3100092620　　**上海增值税专用发票**　　№ 16745388　3100092620

发票联

16745388

开票日期:2021年12月10日

购买方	名　　称:杭州市永兴公司 纳税人识别号:91330103203149653 89A 地 址、电 话:杭州市滨江区江南大道1066号0571-86730345 开户行及账号:中国工商银行杭州市支行9558800036578980236	密码区	4</73**8-/+7+358/3*1761*6448 241<38*91<457<66812003+0/651 8/863<*55>*+4752+32/48<11*4/ 9++4/<*311<+*227-1398689495-

货物或应税劳务、服务名称	规格型号	单位	数量	单价	金额	税率	税额
*其他电子设备*电子智控件		件	600	400.00	240000.00	13%	31200.00
合计					¥240000.00		¥31200.00
价税合计(大写)	⊗ 贰拾柒万壹仟贰佰圆整				(小写)¥271200.00		

销售方	名　　称:上海新天科技公司 纳税人识别号:91310114749288851C 地 址、电 话:嘉定区宝安公路2889号021-68714399 开户行及账号:中国工商银行上海分行9558802338901274385	备注	上海新天科技公司 91310114749288851C 发票专用章

收款人:田甜　　复核:　　开票人:刘霞　　销售方:(章)

税总函〔2021〕234号上海印钞有限公司

第三联:发票联　购买方记账凭证

业务 15 $\frac{4}{6}$

3100092621

上海增值税专用发票

发票联

№ 16745389　3100092621

16745389

开票日期：2021年12月10日

购买方	名　　称：杭州市永兴公司 纳税人识别号：9133010320314965389A 地址、电话：杭州市滨江区江南大道1066号0571-86730345 开户行及账号：中国工商银行杭州市支行9558800036578980236				密码区	4</73**8-/+7+358/3*1761*6448 241<38*91<457<66812003+0/651 8/863<*55>*+4752+32/48<11*4/ 9++4/<*311<+*227-1398689495-		
货物或应税劳务、服务名称	规格型号	单位	数量	单价	金额	税率	税额	
*运输服务*运输服务费			1	1000.00	1000.00	9%	90.00	
合　　计					¥1000.00		¥90.00	
价税合计（大写）	⊗ 壹仟零玖拾圆整				（小写）¥1090.00			
销售方	名　　称：上海新天科技公司 纳税人识别号：91310114749288851C 地址、电话：嘉定区宝安公路2889号021-68714399 开户行及账号：中国工商银行上海分行9558802338901274385				备注			

收款人：田甜　　复核：　　开票人：刘霞　　销售方：（章）

税总函〔2021〕234号上海印钞有限公司

第三联：发票联　购买方记账凭证

上海新天科技公司 91310114749288851C 发票专用章

业务 15 $\frac{5}{6}$

付款申请书

2021 年 12 月 10 日

用途及情况	金额										收款单位（人）：上海新天科技公司
购货款	千	百	十	万	千	百	十	元	角	分	账号：9558 8023 3890 1274 385
		¥	2	7	2	2	9	0	0	0	开户行：中国工商银行上海分行
金额（大写）合计：	人民币贰拾柒万贰仟贰佰玖拾元整										电汇：☐　汇票：☐　转账：☑

总经理	赵四	财务部门	经理	林严谨	申请部门	经理	贺六
			会计	王用心		经办人	刘五

业务 15 $\frac{6}{6}$

中国工商银行　托收凭证（付款通知）

委托日期　2021 年 12 月 10 日　　付款期限　2021 年 12 月 15 日

业务类型	委托收款（☐邮划、☐电划）		托收承付（☑邮划、☐电划）		
付款人	全称	杭州市永兴公司	收款人	全称	上海新天科技公司
	账号	9558800036578980236		账号	9558802338901274385
	地址	浙江 省 杭州 市县　开户行 中国工商银行杭州市支行		地址	省 上海 市县　开户行 中国工商银行上海分行
金额	人民币（大写）	贰拾柒万贰仟贰佰玖拾元整	亿 千 百 十 万 千 百 十 元 角 分		¥ 2 7 2 2 9 0 0 0
款项内容	货款	托收凭据名称		附寄单证张数	1
商品发运情况			合同名称号码		
备注： 付款人开户银行收到日期　年　月　日 复核　记账		付款人开户银行签章 2021 年 12 月 10 日	付款人注意： 1．根据支付结算方法，上列委托收款（托收承付）款项在付款期内未提出拒付，即视为同意付款，以此代付款通知。 2．如需提出全部或部分拒付，应在规定期内，将拒付理由书并附债务证明退交开户银行。		

中国工商银行 2021.12 受理

此联付款人开户银行给付款人按期付款通知

（2021）10×17.5公分 交15 海吉印刷 0152165011866

业务16 $\frac{1}{4}$

中华人民共和国
税收通用缴款书

（2021）京地税缴电：NO：56178224

隶属关系：

注册类型：有限责任公司　　填发日期：2021 年 12 月 10 日　　征收机关：杭州市税务分局

缴款单位（人）	代码	9133010320314965389A	预算科目	编码	
	全称	杭州市永兴公司		名称	增值税
	开户银行	中国工商银行杭州市支行		级次	
	帐号	9558 8000 3657 8980 236		收款国库	杭州市中心支库
税款所属时期：2021 年 11 月			税款限缴日期：2021 年 12 月 10 日		

品目名称	课税数量	计税金额或销售收入	税率或单位税额	已缴或扣除额	实缴金额
增值税			13%		36000
金额合计	（大写）叁万陆仟元整				
缴款单位（人）（盖章） 经办人（章）	乐陈印心	上列款项已收妥并划转收款单位账户 国库（银行）盖章： 年 月 日		备注	中国工商银行 转讫

逾期不缴按税法规定加收滞纳金

无银行收讫章无效

第一联 收据 国库或银行收款盖章后退缴款单位或人作完税凭证

业务16 $\frac{2}{4}$

中华人民共和国
税收通用缴款书

（2021）京地税缴电：NO：56178225

隶属关系：

注册类型：有限责任公司　　填发日期：2021 年 12 月 10 日　　征收机关：杭州市税务分局

缴款单位（人）	代码	9133010320314965389A	预算科目	编码	
	全称	杭州市永兴公司		名称	所得税
	开户银行	中国工商银行杭州市支行		级次	
	帐号	9558 8000 3657 8980 236		收款国库	杭州市中心支库
税款所属时期：2021 年 11 月			税款限缴日期：2021 年 12 月 10 日		

品目名称	课税数量	计税金额或销售收入	税率或单位税额	已缴或扣除额	实缴金额
所得税			25%		54000
金额合计	（大写）伍万肆仟元整				
缴款单位（人）（盖章） 经办人（章）	乐陈印心	上列款项已收妥并划转收款单位账户 国库（银行）盖章： 年 月 日		备注	中国工商银行 转讫

逾期不缴按税法规定加收滞纳金

无银行收讫章无效

第一联 收据 国库或银行收款盖章后退缴款单位或人作完税凭证

业务16 $\frac{3}{4}$

中华人民共和国
税收通用缴款书

（2021）京地税缴电：NO：56178226

隶属关系：

注册类型：有限责任公司　　填发日期：2021 年 12 月 10 日　　征收机关：杭州市税务分局

缴款单位（人）	代码	9133010320314965389A	预算科目	编码	
	全称	杭州市永兴公司		名称	城市维护建设税
	开户银行	中国工商银行杭州市支行		级次	
	帐号	9558 8000 3657 8980 236		收款国库	杭州市中心支库
税款所属时期：2021 年 11 月			税款限缴日期：2021 年 12 月 10 日		

品目名称	课税数量	计税金额或销售收入	税率或单位税额	已缴或扣除额	实缴金额
城市维护建设税			7%		2520
金额合计	（大写）贰仟伍佰贰拾元整				
缴款单位（人）（盖章） 经办人（章）	乐陈印心	上列款项已收妥并划转收款单位账户 国库（银行）盖章： 年 月 日		备注	中国工商银行 转讫

逾期不缴按税法规定加收滞纳金

无银行收讫章无效

第一联 收据 国库或银行收款盖章后退缴款单位或人作完税凭证

业务 16 $\frac{4}{4}$

中华人民共和国税收通用缴款书

隶属关系：　　　　　　　　　　　　（2021）京地税缴电：NO：56178227

注册类型：有限责任公司　　填发日期：2021 年 12 月 10 日　　征收机关：杭州市税务分局

缴款单位（人）	代码	9133010320314965389A	预算科目	编码	
	全称	杭州市永兴公司		名称	教育费附加
	开户银行	中国工商银行杭州市支行		级次	
	帐号	9558 8000 3657 8980 236		收款国库	杭州市中心支库
税款所属时期：2021 年 11 月			税款限缴日期：2021 年 12 月 10 日		

品目名称	课税数量	计税金额或销售收入	税率或单位税额	已缴或扣除额	实缴金额
教育费附加			3%		1080
金额合计	（大写）壹仟零捌拾元整				
缴款单位（人）（盖章） 经办人（章）	乐陈印心	上列款项已收妥并划转收款单位账户 国库（银行）盖章：　年　月　日		备注	中国工商银行 转讫

无银行收讫章无效

第一联 收据 国库或银行收款盖章后退缴款单位或人作完税凭证

逾期不缴按税法规定加收滞纳金

业务 17 $\frac{1}{7}$

出差审批单

2021 年 12 月 05 日

部门	研发部	出差人	肖米
出差地点	杭州至北京	出差事由	学习培训
出差时间	自 12 月 8 日至 12 月 11 日	拟乘坐的交通工具	☑ 飞机　☐ 火车 ☐ 汽车　☐ 其他
审批人意见	部门经理意见	同意 签名：肖米 2021 年 12 月 05 日	
	总经理意见	同意 签名：赵四 2021 年 12 月 05 日	

业务 17 $\frac{2}{7}$

差旅费报销单

报销日期	2021-12-11		预算科目			专项名称			预算项目			
部门	研发部		出差人	肖米				出差事由	赴北京学习培训			
出发		到达		交通费			住宿费			其他费用		
日期	地点	日期	地点	交通工具	单据张数	金额	天数	单据张数	金额	项目	单据	金额
12.8	杭州	12.8	北京	飞机	2	2800	3	1	1200	行李费		
12.11	北京	12.11	杭州							市内车费		
										出租		
										手续费		
										出差补贴		800
										节约奖励		
合计										培训费	1	10800
报销总额	人民币（大写）		壹万伍仟陆佰元整							预借款		
	人民币（小写）		¥15600.00				补领不足			归还多余		

主管：赵四　　审核：　　报销人：肖米　　部门：研发部

业务 17 $\frac{3}{7}$

航空运输电子客票行程单
ITINERARY/RECEIPT OF E-TICKET FOR AIR TRANSPORT

印刷序号：SERIAL NUMER:

旅客姓名 NAME OF PASSENGER		有效身份证件号码 ID. NO.			签注 ENDORSEMENTS/RFSTRI(TIONSICARBON)			
肖米		330104197902030024						
	承运人 CARRIER	航班号 FLIGHT	座位等级 CLASS	日期 DATE	时间 TIME	客票级别/客票类别 FARE DASIS	客票生效日期 NOTVALID BEFORE	有效截止日期 MOT VALID AFIER	免费行李 ALLOW
自 FROM 杭州	国航	8U224	X	2021-12-08	10:25	Y			
至 TO 北京									
至 TO									
至 TO									
至 TO									
	票价 FARE 1350	机场建设费 AIRPORT TAX 50		燃油附加费 FUEL SURCHARGE		其他税费 OTHER ATXES		合计 TOTAL CNY1400.00	
电子客票号码 E-TICKEINO	1344789346	验证码 CK.		提示信息 INFORMATION				保险费 INSURANCE	CNY0
销售单位代号 AGENT CODE		填开单位 ISSUED BY				填开日期 DATE OF ISSUE		2021-12-08	

北京中融安全印务公司 电话：010-63543596

付款凭证 RECEIPT

手写无效 INVALID IN HANDWRITING

验真网址：WWW.TRAVELSKY.COM 服务热线：400-815-8888 短信验真：发送JP至10669018

请旅客乘机前认真阅读《旅客须知》及承运人的运输总条件内容

The Important Notice and the general conditions of carriage must be read before travelling.

业务 17 $\frac{4}{7}$

航空运输电子客票行程单
ITINERARY/RECEIPT OF E-TICKET FOR AIR TRANSPORT

印刷序号：SERIAL NUMER:

旅客姓名 NAME OF PASSENGER		有效身份证件号码 ID. NO.			签注 ENDORSEMENTS/RFSTRI(TIONSICARBON)			
肖米		330104197902030024						
	承运人 CARRIER	航班号 FLIGHT	座位等级 CLASS	日期 DATE	时间 TIME	客票级别/客票类别 FARE DASIS	客票生效日期 NOTVALID BEFORE	有效截止日期 MOT VALID AFIER	免费行李 ALLOW
自 FROM 北京	国航	8U228	X	2021-12-11	20:15	Y			
至 TO 杭州									
至 TO									
至 TO									
至 TO									
	票价 FARE 1350	机场建设费 AIRPORT TAX 50		燃油附加费 FUEL SURCHARGE		其他税费 OTHER ATXES		合计 TOTAL CNY1400.00	
电子客票号码 E-TICKEINO	1344797382	验证码 CK.		提示信息 INFORMATION				保险费 INSURANCE	CNY0
销售单位代号 AGENT CODE		填开单位 ISSUED BY				填开日期 DATE OF ISSUE		2021-12-11	

北京中融安全印务公司 电话：010-63543596

付款凭证 RECEIPT

手写无效 INVALID IN HANDWRITING

验真网址：WWW.TRAVELSKY.COM 服务热线：400-815-8888 短信验真：发送JP至10669018

请旅客乘机前认真阅读《旅客须知》及承运人的运输总条件内容

The Important Notice and the general conditions of carriage must be read before travelling.

业务 17 $\frac{5}{7}$

1100172981

北京增值税专用发票

发票联

№ 19384566　1100172981

19384566

开票日期：2021年12月15日

购买方	名　称：杭州市永兴公司 纳税人识别号：91330103203149653894 地址、电话：杭州市滨江区江南大道1066号0571-86730345 开户行及账号：中国工商银行杭州市支行9558800036578980236				密码区	4</73**8-/+7+358/3*1761*6448 241<38*91<457<66812003+0/651 8/863<*55>*+4752+32/48<11*4/ 9++4/<*311<+*227-1398689495-		
货物或应税劳务、服务名称	规格型号	单位	数量	单价	金额	税率	税额	
*住宿服务*住宿费		间晚	3	377.36	1132.08	6%	67.92	
合　计					¥1132.08		¥67.92	
价税合计（大写）	⊗ 壹仟贰佰圆整				（小写）¥1200.00			
销售方	名　称：北京金润酒店管理有限公司 纳税人识别号：91110108MA009CGL2C 地址、电话：北京市海淀区阜外亮甲店1号010-57296628 开户行及账号：中国工商银行北京市支行9558809812723350412				备注			

税总函〔2021〕257号浙江印钞有限公司

第二联：发票联 购买方记账凭证

收款人：钟明　复核：　开票人：方凡　销售方：（章）

业务 17 $\frac{6}{7}$

1100213081　　北京增值税专用发票　　№ 19384922　1100213081

发票联

19384922

开票日期：2021年12月11日

购买方	名　　称：杭州市永兴公司 纳税人识别号：9133010320314965389A 地 址、电 话：杭州市滨江区江南大道1066号0571-86730345 开户行及账号：中国工商银行杭州市支行9558800036578980236				密码区	4</73**8-/+7+358/3*1761*6448 241<38*91<457<66812003+0/651 8/863<*55>*+4752+32/48<11*4/ 9++4/<*311<+*227-1398689495-	
货物或应税劳务、服务名称	规格型号	单位	数量	单价	金额	税率	税额
*生活服务*培训费			1	10188.68	10188.68	6%	611.32
合　　计					¥10188.68		¥611.32
价税合计（大写）	⊗ 壹万零捌佰圆整				（小写）¥10800.00		
销售方	名　　称：北京市至尚科技教育培训公司 纳税人识别号：91110108101937038M 地 址、电 话：北京市海淀区环山村010-62497015 开户行及账号：中国工商银行北京市支行9558840837289930108				备注		

收款人：方平　　复核：　　开票人：张和　　销售方：（章）

第二联：发票联　购买方记账凭证

税总函〔2021〕257号浙江印钞有限公司

北京市至尚科技教育培训公司 91110108101937038M 发票专用章

业务 17 $\frac{7}{7}$

ICBC 中国工商银行

转账凭证（付款凭证）

记账日期：2021-12-11　　检索号：

付款人户名：杭州市永兴公司　　付款人账号：9558 8000 3657 8980 236

收款人户名：肖米　　收款人账号：9558 8220 3489 1123 347

金额：人民币（大写）壹万伍仟陆佰元整　　¥ 15600.00

摘要：报销差旅费

金融自助卡号：　　打印时间：

银行验证码：　　打印方式：　　已打印次数：

地区号：　　网点号：　　柜员号：　　授权柜员号：

业务 18

ICBC 中国工商银行

转账凭证（付款凭证）

记账日期：2021-12-11　　检索号：

付款人户名：杭州市永兴公司　　付款人账号：9558 8000 3657 8980 236

收款人户名：无锡市环宇公司　　收款人账号：9558 8342 6587 2389 365

金额：人民币（大写）柒万柒仟壹佰陆拾柒元整　　¥ 77167.00

摘要：支付12月2日电子购货款

金融自助卡号：　　打印时间：

银行验证码：　　打印方式：　　已打印次数：

地区号：　　网点号：　　柜员号：　　授权柜员号：

业务 19 $\frac{1}{3}$

付款申请书

2021 年 12 月 12 日

用途及情况		金额											收款单位（人）： 杭州方圆物业公司	
办公楼维修费		千	百	十	万	千	百	十	元	角	分		账号： 9558 8045 2377 1394 379	
				¥	2	0	3	4	0	0	0		开户行： 中国工商银行杭州市支行	
金额（大写）合计：		人民币贰万零叁佰肆拾元整											电汇：☐ 汇票：☐	转账：☑
总经理	赵四	财务部门				经理	林严谨						申请部门	经理 周淇
						会计	王用心							经办人 陈浩

业务 19 $\frac{2}{3}$

3300092621　　**浙江增值税专用发票**　　№ 13584930　3300092621

发票联

13584930

开票日期：2021年12月12日

购买方	名称：杭州市永兴公司 纳税人识别号：91330103203149653894 地址、电话：杭州市滨江区江南大道1066号0571-86730345 开户行及账号：中国工商银行杭州市支行9558800036578980236	密码区：4</73**8-/+7+358/3*1761*6448 241<38*91<457<66812003+0/651 8/863<*55>*+4752+32/48<11*4/ 9++4/<*311<+*227-1398689495-

货物或应税劳务、服务名称	规格型号	单位	数量	单价	金额	税率	税额
*劳务*维修费			1	18000.00	18000.00	13%	2340.00
合计					¥18000.00		¥2340.00
价税合计（大写）	⊗ 贰万零叁佰肆拾圆整				（小写）¥20340.00		

销售方	名称：杭州方圆物业公司 纳税人识别号：91330104749254781A 地址、电话：杭州市江干区彭埠大道35号0571-86273838 开户行及账号：中国工商银行杭州市支行9558804523771394379	备注

收款人：张思　　复核：　　开票人：方惠　　销售方：（章）

税总函〔2021〕257号浙江印钞有限公司

第三联：发票联　购买方记账凭证

业务 19 $\frac{3}{3}$

中国工商银行
转账支票存根

附加信息

出票日期 2021 年12 月12 日

收款人：杭州方圆物业公司

金　额：¥20340.00

用　途：支付维修费

单位主管 林严谨　　会计 陈心乐

业务 20 $\frac{1}{2}$

付款申请书

2021 年 12 月 12 日

<table>
<tr><td colspan="2">用途及情况</td><td colspan="10">金额</td><td colspan="3">收款单位（人）：</td></tr>
<tr><td colspan="2" rowspan="2">支付11月职工工资</td><td>千</td><td>百</td><td>十</td><td>万</td><td>千</td><td>百</td><td>十</td><td>元</td><td>角</td><td>分</td><td colspan="3">账号：</td></tr>
<tr><td>¥</td><td>1</td><td>7</td><td>6</td><td>8</td><td>8</td><td>0</td><td>0</td><td>0</td><td>0</td><td colspan="3">开户行：</td></tr>
<tr><td colspan="2">金额（大写）合计：</td><td colspan="10">人民币壹佰柒拾陆万捌仟捌佰元整</td><td>电汇：☐</td><td>汇票：☐</td><td>转账：☑</td></tr>
<tr><td rowspan="2">总经理</td><td rowspan="2">赵四</td><td colspan="5" rowspan="2">财务部门</td><td colspan="3">经理</td><td colspan="2">林严谨</td><td rowspan="2">申请部门</td><td>经理</td><td>邱宁</td></tr>
<tr><td colspan="3">会计</td><td colspan="2">王用心</td><td>经办人</td><td>何惠</td></tr>
</table>

业务 20 $\frac{2}{2}$

ICBC 中国工商银行

转账凭证（付款凭证）

记账日期：2021-12-12　　检索号：

付款人户名：中国工商银行杭州市支行　　付款人账号：9558 8000 3657 8980 236

收款人户名：　　收款人账号：

金额：人民币（大写）壹佰柒拾陆万捌仟捌佰元整　　¥ 1768800.00

摘要：支付员工上月工资

金融自助卡号：　　打印时间：

银行验证码：　　打印方式：　　已打印次数：

地区号：　　网点号：　　柜员号：　　授权柜员号：

业务 21 $\frac{1}{2}$

出差审批单

2021 年 12 月 12 日

<table>
<tr><td colspan="2">部门</td><td>采购部</td><td>出差人</td><td>王红</td></tr>
<tr><td colspan="2">出差地点</td><td>杭州至河北</td><td>出差事由</td><td>采购事宜</td></tr>
<tr><td colspan="2">出差时间</td><td>自 12 月 12 日至 12 月 14 日</td><td>拟乘坐的交通工具</td><td>☑ 飞机　☐ 火车
☐ 汽车　☐ 其他</td></tr>
<tr><td rowspan="2">审批人意见</td><td>部门经理意见</td><td colspan="3">同意
签名：贺六
2021 年 12 月 12 日</td></tr>
<tr><td>总经理意见</td><td colspan="3">同意
签名：赵四
2021 年 12 月 12 日</td></tr>
</table>

业务 21 $\frac{2}{2}$

中国工商银行
现金支票存根
10209310
10613654

附加信息

出票日期 2021 年 12 月 12 日

收款人：王红

金　额：¥5000.00

用　途：预支差旅费

单位主管 林严谨　会计 陈心乐

上海金达证券印制有限公司·2013 年印制

业务 22

领　料　单

仓库：　原料库　　　　2021　年　12　月　13　日　　　　领料单编号：122

编号	类别	物料名称	规格	单位	数量		实际价格	
					请领	实发	单价	金额
1		电子件		套	500	500		
2		塑胶件		件	600	600		
3		滤材		套	800	800		
合计								
用途	用于EP1空净器的生产				领料部门		发料部门	
					负责人	领料人	核准人	发料人
					王贝	林一	席仔细	艾认真

第三联　交财务

业务 23

委托收款凭证（收账通知）　4　第 00367 号

委托日期 2021 年 6 月 13 日　　　　委托号码：

付款期限 2021 年 12 月 13 日

付款人	全称	上海市喜多多家电城	收款人	全称	杭州市永兴公司	
	账号或地址	9558 8134 3235 8590 127		账号	9558 8000 3657 8980 236	
	开户银行	中国工商银行上海分行		开户银行	中国工商银行杭州市支行	行号
委收金额	人民币（大写）	陆万元整				
款项内容	货款	委托收款凭据名称	商业承兑汇票		附寄单证张数	1

千	百	十	万	千	百	十	元	角	分
		¥	6	0	0	0	0	0	0

备注

上列款项
1. 已全部或回收入你方账号。
2. 全部未收到

收款人开户盖章
2021 年 12 月 13 日

中国工商银行
2021.12.13
转讫

单位主管　　会计　　复核　　记账　　付款人开户银行收到日期　年　月　日　　支付日期　年　月　日

此联付款人开户银行在款项收妥后给收款人的收账通知

业务 24 $\frac{1}{5}$

差旅费报销单

报销日期	2021-12-14			预算科目		专项名称			预算项目			
部门	采购部			出差人	王红			出差事由	赴石家庄进行采购调研			
出发		到达		交通费			住宿费			其他费用		
日期	地点	日期	地点	交通工具	单据张数	金额	天数	单据张数	金额	项目	单据	金额
12.12	杭州	12.12	石家庄	飞机	2	3000	2	1	600	行李费		
12.14	石家庄	12.14	杭州							市内车费		
										出租		
										手续费		
										出差补贴		1200
										节约奖励		
合计												
报销总额	人民币（大写）		肆仟捌佰元整							预借款	¥5000	
	人民币（小写）		¥4800.00				补领不足			归还多余	¥200	

主管：贺六　　审核：　　报销人：王红　　部门：采购部

业务 24 $\frac{1}{5}$

差旅费报销单

报销日期	2021-12-14			预算科目		专项名称			预算项目			
部门	采购部			出差人	王红			出差事由	赴石家庄进行采购调研			
出发		到达		交通费			住宿费			其他费用		
日期	地点	日期	地点	交通工具	单据张数	金额	天数	单据张数	金额	项目	单据	金额
12.12	杭州	12.12	石家庄	飞机	2	3000	2	1	600	行李费		
12.14	石家庄	12.14	杭州							市内车费		
										出租		
										手续费		
										出差补贴		1200
										节约奖励		
合计												
报销总额	人民币（大写）		肆仟捌佰元整							预借款		
	人民币（小写）		¥4800.00				补领不足			归还多余		

主管：贺六　　审核：　　报销人：王红　　部门：采购部

业务 24 $\frac{2}{5}$

航空运输电子客票行程单

ITINERARY/RECEIPT OF E-TICKET FOR AIR TRANSPORT

印刷序号：

SERIAL NUMER:

旅客姓名 NAME OF PASSENGER			有效身份证件号码 ID. NO.				签注 ENDORSEMENTS/RFSTRI(TIONSICARBON)			
王红			33010419940723031284							
	承运人 CARRIER	航班号 FLIGHT	座位等级 CLASS	日期 DATE	时间 TIME	客票级别/客票类别 FARE DASIS	客票生效日期 NOTVALID BEFORE	有效截止日期 MOT VALID AFIER	免费行李 ALLOW	
自 FROM 杭州	国航	8U654	X	2021-12-12	9：30	Y				
至 TO 河北										
至 TO										
至 TO										
至 TO	票价 FARE 1450		机场建设费 AIRPORT TAX 50		燃油附加费 FUEL SLRCHARGE		其他税费 OTHER ATXES	合计 TOTAL CNY1500.00		
电子客票号码 E-TICKEINO	1344143680		验证码 CK.		提示信息 INFORMATION			保险费 INSURANCE	CNY0	
销售单位代号 AGENT CODE			填开单位 ISSUED BY				填开日期 DATE OF ISSUE	2021-12-12		

付款凭证 RECEIPT

手写无效 INVALID IN HANDWRITING

北京中融安全印务公司 电话：010-63543596

验真网址：WWW.TRAVELSKY.COM 服务热线：400-815-8888 短信验真：发送JP至10669018

请旅客乘机前认真阅读《旅客须知》及承运人的运输总条件内容

The Important Notice and the general conditions of carriage must be read before travelling.

业务 24 $\frac{3}{5}$

航空运输电子客票行程单

ITINERARY/RECEIPT OF E-TICKET FOR AIR TRANSPORT

印刷序号：

SERIAL NUMER:

旅客姓名 NAME OF PASSENGER		有效身份证件号码 ID. NO.				签注 ENDORSEMENTS/RFSTRI(TIONSICARBON)			
王红		33010419940723031284							
	承运人 CARRIER	航班号 FLIGHT	座位等级 CLASS	日期 DATE	时间 TIME	客票级别/客票类别 FARE DASIS	客票生效日期 NOTVALID BEFORE	有效截止日期 MOT VALID AFIER	免费行李 ALLOW
自 FROM 河北 至 TO 杭州 至 TO 至 TO 至 TO	国航	8U654	X	2021-12-14	15: 15	Y			
	票价 FARE 1450		机场建设费 AIRPORT TAX 50		燃油附加费 FUEL SLRCHARGE		其他税费 OTHER ATXES	合计 TOTAL CNY1500.00	
电子客票号码 E-TICKEINO	1344126578		验证码 CK.		提示信息 INFORMATION			保险费 INSURANCE CNY0	
销售单位代号 AGENT CODE			填开单位 ISSUED BY				填开日期 DATE OF ISSUE	2021-12-14	

付款凭证 RECEIPT

手写无效 INVALID IN HANDWRITING

北京中融安全印务公司 电话：010-63543596

验真网址：WWW.TRAVELSKY.COM 服务热线：400-815-8888 短信验真：发送JP至10669018

请旅客乘机前认真阅读《旅客须知》及承运人的运输总条件内容

The Important Notice and the general conditions of carriage must be read before travelling.

业务 24 $\frac{4}{5}$

河北增值税专用发票

1100092620

发票联

№ 13894367 1100092620

13894367

开票日期：2021年12月14日

购买方	名 称：杭州市永兴公司 纳税人识别号：9133010320314965389A 地 址、电 话：杭州市滨江区江南大道1066号0571-86730345 开户行及账号：中国工商银行杭州市支行9558800036578980236			密码区	4</73**8-/+7+358/3*1761*6448 241<38*91<457<66812003+0/651 8/863<*55>*+4752+32/48<11*4/ 9++4/<*311<+*227-1398689495-		
货物或应税劳务、服务名称	规格型号	单位	数量	单价	金额	税率	税额
*住宿服务*住宿费		间晚	2	283.02	566.04	6%	33.96
合 计					¥566.04		¥33.96
价税合计（大写）	⊗ 陆佰圆整				（小写）¥600.00		
销售方	名 称：河北唐潮酒店有限公司 纳税人识别号：91130528MA07R7F80R 地 址、电 话：河北省邢台市宁晋县友谊大街0319-5801234 开户行及账号：中国工商银行邢台市支行9558899254603208264			备注			

收款人：罗丹 复 核： 开票人：顾盛 销售方：（章）

税总函〔2021〕117号北京印钞有限公司

第二联：发票联 购买方记账凭证

业务 24 $\frac{5}{5}$

收款收据

No 084

2021 年 12 月 14 日

今收到 采购部王红返还的预支差旅费200元

金额（大写） ⊗ 佰 ⊗ 拾 ⊗ 万 ⊗ 仟 贰 佰 零 拾 零 元 零 角 零 分

￥：200.00

（单位盖章）

现金收讫

核准 会计 王用心 记账 出纳 陈心乐 经手人 王红

存根（白）

业务 25

中国工商银行
现金支票存根
10209310
10613654

附加信息

出票日期 2021 年 12 月 14 日

收款人：杭州市永兴公司

金　额：¥2000.00

用　途：备用金

单位主管 林严谨 会计 陈心乐

上海金达证券印制有限公司 · 2021年印制

业务 26 $\frac{1}{3}$

付款申请书

2021 年 12 月 15 日

用途及情况		金额										收款单位（人）：杭州乐绘文具有限公司			
购置办公用品，现金支付		千	百	十	万	千	百	十	元	角	分	账号：9558 8330 4798 0523 771			
					¥	1	8	0	0	0	0	开户行：中国工商银行杭州市支行			
金额（大写）合计：		人民币 壹仟捌佰元整										电汇：☐	汇票：☐	转账：☐	
总经理	赵四	财务部门				经理		林严谨				申请部门	经理	何菲菲	
						会计		王用心					经办人	邱真真	

业务 26 $\frac{2}{3}$

3300092731　　浙江增值税专用发票　　№ 15672399　3300092731

发 票 联

15672399

开票日期：2021年12月15日

购买方	名　　称：杭州市永兴公司 纳税人识别号：91330103203149653 89A 地 址、电 话：杭州市滨江区江南大道1066号0571-86730345 开户行及账号：中国工商银行杭州市支行9558800036578980236	密码区	4</73**8-/+7*358/3*1761*6448 241<38*91<457<66812003+0/651 8/863<*55>*+4752+32/48<11*4/ 9++4/<*311<+*227-1398689495-

货物或应税劳务、服务名称	规格型号	单位	数量	单价	金额	税率	税额
*印刷品*笔记本		本	21	10.00	210.00	3%	6.30
*文具*签字笔		支	21	3.00	63.00	3%	1.89
*纸制品*打印纸		箱	6	245.762	1474.57	3%	44.24
合　计					¥1747.57		¥52.43
价税合计（大写）	⊗ 壹仟捌佰圆整				（小写）¥1800.00		

销售方	名　　称：杭州乐绘文具有限公司 纳税人识别号：91330106056724091A 地 址、电 话：杭州市西湖区三墩镇萍水西街80号0571-81114772 开户行及账号：中国工商银行杭州市支行9558833047980523771	备注	杭州乐绘文具有限公司 91330106056724091A 发票专用章

收款人：张韵　　复核：　　开票人：王全　　销售方：（章）

税总函〔2021〕257号浙江印钞有限公司

第二联：发票联　购买方记账凭证

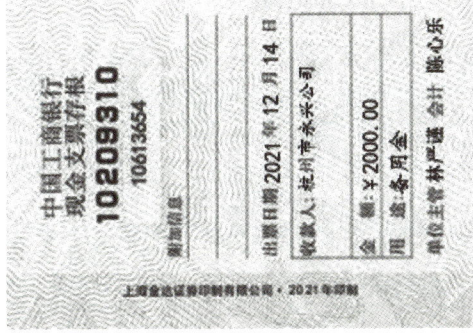

业务 26 $\frac{3}{3}$

办公用品领用表

2021 年 12 月 15 日

领用部门	笔记本(本)		签字笔(支)		打印纸(箱)		金额合计	领用人签字
	数量	金额	数量	金额	数量	金额		
公司行政办公室	21	216.3	21 支	64.89	3.629 72	918.81	1 200.00	邱真真
生产车间					2.370 28	600.00	600.00	林一

业务 27

ICBC 中国工商银行

转账凭证（付款凭证）

记账日期：2021-12-15　　检索号：

付款人户名：杭州市永兴公司　　付款人账号：9558 8000 3657 8980 236

收款人户名：上海新天科技公司　　收款人账号：9558 8023 3890 1274 385

金额：人民币（大写）贰拾柒万贰仟贰佰玖拾元整　　¥ 272290.00

摘要：支付12月10日购货款

金融自助卡号：　　打印时间：

银行验证码：　　打印方式：　　已打印次数：

地区号：　　网点号：　　柜员号：　　授权柜员号：

业务 28

ICBC 中国工商银行　　现金存款凭条

日期：2021 年 12 月 15 日　　浙25294726

存款人	全称	杭州市永兴公司		
	账号	9558 8000 3657 8980 236	款项来源	现金
	开户行	中国工商银行杭州市支行	交款人	陈心乐

金额（大写）　伍万元整

金额（小写）	亿	千	百	十	万	千	百	十	元	角	分
					5	0	0	0	0	0	0

票面	张数	十	万	千	百	十	元	票面	张数	千	百	十	元	角	分
壹佰元	500		5	0	0	0	0	伍角							
伍拾元								贰角							
贰拾元								壹角							
拾元								伍分							
伍元								贰分							
贰元								壹分							
壹元								其他							

备注

第二联 客户核对联

业务 29 $\frac{1}{4}$

浙江增值税专用发票

3300092641

此联不作报销、扣税凭证使用

№ 13765834　　3300092641

13765834

开票日期：2021年12月15日

购买方	名　　称：杭州市大洋外贸公司 纳税人识别号：913301042245739A 地 址、电 话：杭州市江干区文青路7号0571-86280574 开户行及账号：中国工商银行杭州市支行9558812643901436258				密码区	4</73**8-/+7+358/3*1761*6448 241<38*91<457<66812003+0/651 8/863<*55>*+4752+32/48<11*4/ 9++4/<*311<+*227-1398689495-		
货物或应税劳务、服务名称	规格型号	单位	数量	单价	金额	税率	税额	
*空调*空气净化器	EP-1型	台	50	2000.00	100000.00	13%	13000.00	
*空调*空气净化器	EP-1型	台	100	3000.00	300000.00	13%	39000.00	
合　　计					¥400000.00		¥52000.00	
价税合计（大写）	⊗ 肆拾伍万贰仟圆整				（小写）¥452000.00			
销售方	名　　称：杭州市永兴公司 纳税人识别号：9133010320314965389A 地 址、电 话：杭州市滨江区江南大道1066号0571-86730345 开户行及账号：中国工商银行杭州市支行9558800036578980236				备注			

收款人：陈心乐　　复核：　　开票人：王用心　　销售方：（章）

第一联：记账联　销售方记账凭证

税总函〔2021〕257号浙江印钞厂

业务 29 $\frac{2}{4}$

出库单　No 245

会计部门编号

仓库部门编号

2021 年 12 月 15 日

编号	名称	规格	单位	出库数量	单价	金额	备注
1	空气净化器	EP-1型	台	50	2000	100 000	
2	空气净化器	EP-2型	台	100	3000	300 000	
合　计						400 000	

生产车间或部门：车间1　　仓库管理员：艾认真

第二联交财务部

业务 29 $\frac{3}{4}$

销售通知单

日期：2021-12-15　　编号：

采购单位：	杭州市大洋外贸公司					
产品名称	型号	单位	数量	单价	金额（元/不含税）	税率
空气净化器	EP-1型	台	50	2000	100 000	13%
空气净化器	EP-2型	台	100	3000	300 000	13%
合　计					400 000	

产品销售：

合同：☑ 有　☐ 无

客户开票信息：（☐ 普通发票　☑ 专用发票）

单位名称：杭州市大洋外贸公司

税号：913301042245739A

开户银行及账号 中国工商银行杭州市支行 9558 8126 4390 1436 258

地址及电话：杭州市江干区文青路7号 0571-86280574

备注：（请填写开票要求）商品内容请填写：

销售助理或销售经理	王一	部门经理	李二	分管总经理	张三	总经理	赵四

业务 29 $\frac{4}{4}$

中国工商银行进账单（收账通知） 3

2021 年 12 月 15 日

出票人	全　称	杭州市大洋外贸公司	收款人	全　称	杭州市永兴公司
	账　号	9558 8126 4390 1436 258		账　号	9558 8000 3657 8980 236
	开户银行	中国工商银行杭州市支行		开户银行	中国工商银行杭州市支行
金额	人民币（大写）	肆拾伍万贰仟元整			
票据种类	转账支票	票据张数	1		
票据号码	16372892				
	复核	记账			收款人开户银行盖章

千	百	十	万	千	百	十	元	角	分
	¥	4	5	2	0	0	0	0	0

中国工商银行 2021.12 转讫

此联是收款人开户银行交给收款人的收账通知

产品入库单

业务 30

2021 年 12 月 16 日

产品编号	产品名称	计量单位	实收数量	单位成本	总成本	备注
EP-1型	空气净化器	台	200			
EP-2型	空气净化器	台	230			

主管：李二　　保管：艾认真　　交库：林一　　会计：王用心

业务 31

中国工商银行进账单（收账通知） 3

2021 年 12 月 17 日

出票人	全　称	杭州市富美公司	收款人	全　称	杭州市永兴公司
	账　号	9558 8023 3389 2155 094		账　号	9558 8000 3657 8980 236
	开户银行	中国工商银行杭州市支行		开户银行	中国工商银行杭州市支行
金额	人民币（大写）	柒拾肆万伍仟捌佰元整			
票据种类	转账支票	票据张数	1		
票据号码					
	复核	记账			本月5日销货款 收款人开户银行盖章

千	百	十	万	千	百	十	元	角	分
	¥	7	4	5	8	0	0	0	0

中国工商银行 2021.12 转讫

此联是收款人开户银行交给收款人的收账通知

业务 32 $\frac{1}{2}$

收 料 单

发票号码：	2021 年 12 月 18 日	编号：169
供应单位：无锡市环宇公司		收料仓库：原材料仓库
材料类别：原材料		

材料/编号	物料名称	规格型号	单位	数量		实际成本				
				应收	实收	买价		运杂费	其他	合计
						单价	金额			
1	电子件		套	250	250	340	340	320		85320
合计										85320

第三联 记账

采购员：刘五　　检验员：席仔细　　记账员：王用心　　保管员：艾认真

业务 32 $\frac{2}{2}$

3200134253

江苏增值税专用发票

发票联

№ 13653431　3200134253

13653431

开票日期：2021年12月18日

购买方	名称：杭州市永兴公司 纳税人识别号：9133010320314965389A 地址、电话：杭州市滨江区江南大道1066号0571-86730345 开户行及账号：中国工商银行杭州市支行9558800036578980236	密码区	4</73**8-/+7+358/3*1761*6448 241<38*91<457<66812003+0/651 8/863<*55>*+4752+32/48<11*4/ 9++4/<*311<+*227-1398689495-

货物或应税劳务、服务名称	规格型号	单位	数量	单价	金额	税率	税额
*电子元件*电子件		套	250	340.00	85000.00	13%	11050.00
*运输服务*运输服务费			1	320.00	320.00	9%	28.80
合　计					¥85320.00		¥11078.80
价税合计（大写）	⊗ 玖万陆仟叁佰玖拾捌圆捌角整				（小写）¥96398.80		

销售方	名称：无锡市环宇公司 纳税人识别号：9132020120434376592A 地址、电话：江苏省无锡市通江大道108号0510-81188220 开户行及账号：中国工商银行无锡市支行9558834265872389365	备注	已于6日收到预付款10万元

收款人：张安全　　复核：　　开票人：王逍遥　　销售方：（章）

税总函〔2021〕257号浙江印钞厂

第三联：发票联　购买方记账凭证

业务 33 $\frac{1}{2}$

坏账处理报告单

2021 年 12 月 18 日

单位名称	金额	原因
杭州四季商贸公司	30000.00	上月已作为坏账核销，本月转回
部门领导意见： 同意，林严僅	总经理意见： 同意，赵四 2021 年 12 月 18 日	董事会意见： 同意，方大 2021 年 12 月 18 日

业务33 2/2

中国工商银行 电汇凭证（回单）1

☑普通 ☐加急　　委托日期：2021 年 12 月 18 日

汇款人	全称	杭州四季商贸公司	收款人	全称	杭州市永兴公司
	账号	9558 8355 7680 1123 540		账号	9558 8000 3657 8980 236
	汇出地点	浙江 省 杭州 市/县		汇入地点	浙江 省 杭州 市/县
汇出行名称		中国工商银行杭州市支行	汇入行名称		中国工商银行杭州市支行
金额	人民币 叁万元整			亿千百十万千百十元角分	￥3000000
	中国工商银行 2021.12 转讫 汇出行签章			票证安全码	
				附加信息及用途： 复核： 记账：	

此联汇出行给汇款人的回单

业务34

坏账损失确认通知

2021 年12 月18 日

应收杭州恒丰公司的货款20000元确认无法收回，

经审批后，统一确认为坏账损失。

总经理：赵四　　会计主管：林严谨

日期：2021.12.18　　单位公章：（杭州市永兴公司 业务公章）

业务35 1/3

付款申请书

2021 年 12 月19 日

用途及情况	金额										收款单位（人）： 杭州市红十字会		
捐赠	千	百	十	万	千	百	十	元	角	分	账号： 9558 8230 3462 3397 038		
			￥	5	0	0	0	0	0	0	开户行： 中国工商银行杭州市支行		
金额（大写）合计：	人民币 伍万元整										电汇：☐	汇票：☐	转账：☑
总经理 赵四	财务部门					经理		林严谨			申请部门	经理	何菲菲
						会计		王用心				经办人	邱真真

业务35 2/3

公益事业捐赠统一票据

发票联

捐赠人 杭州市永兴公司　　2021 年 12 月 19 日　　NO:

捐赠项目	实物（外币）种类	数量	金额
货币	人民币		¥5000000
金额合计（小写） ¥50000.00			¥5000000
金额合计（大写） 仟 佰 拾 伍 万 ⊗ 仟 ⊗ 佰 ⊗ 拾 ⊗ 元 ⊗ 角			

接受单位（盖章）：　　复核人：林歆　　开票人：安杰

第二联 报销凭证

业务35 3/3

中国工商银行
转账支票存根

附加信息

出票日期 2021 年12 月19 日

收款人：	杭州市红十字会
金　额：	¥50000.00
用　途：	捐赠

单位主管 林严谨　　会计 陈心乐

业务36 1/6

请购审批单

2021 年 12 月 19 日　　编号:155

序号	购进货物/服务品名	单位	单价(元)	数量	总金额(元)	增值税(元)	小计(元)
1	滤材	件	130.00	200	26 000.00	3 380.00	29 380.00
2	运输服务	东莞—杭州单程	500.00	1	500.00	45.00	545.00
合计			—	—	26 500.00	34 250.00	29 925.00

审核:王用心　　制单:刘五　　部门经理:贺六　　请购:刘五

业务 36 $\frac{2}{6}$

付款申请书

2021 年 12 月 19 日

用途及情况	金额										收款单位（人）：东莞市东方工厂		
购货款	千	百	十	万	千	百	十	元	角	分	账号：9558 8057 4678 8270 439		
			¥	2	9	9	2	5	0	0	开户行：中国工商银行东莞市分行		
金额（大写）合计：	人民币 贰万玖千玖佰贰拾伍元整										电汇：☐	汇票：☐	转账：☑
总经理 赵四	财务部门						经理 林严谨				申请部门	经理 贺六	
							会计 王用心					经办人 刘五	

业务 36 $\frac{3}{6}$

4100092643　　**广东增值税专用发票**　　№ 12765850　4100092643

发票联

12765850

开票日期：2021年12月19日

购买方	名　　称：杭州市永兴公司 纳税人识别号：91330103203149653 89A 地 址、电 话：杭州市滨江区江南大道1066号0571-86730345 开户行及账号：中国工商银行杭州市支行9558800036578980236	密码区	4</73**8-/+7+358/3*1761*6448 241<38*91<457<66812003+0/651 8/863<*55>*+4752+32/48<11*4/ 9++4/<*311<+*227-1398689495-

货物或应税劳务、服务名称	规格型号	单位	数量	单价	金额	税率	税额
*通用设备*滤材		件	200	130.00	26000.00	13%	3380.00
合　　计					¥26000.00		¥3380.00
价税合计（大写）	⊗ 贰万玖仟叁佰捌拾圆整				（小写）¥29380.00		

销售方	名　　称：东莞市东方工厂 纳税人识别号：91441900MA53W92A29 地 址、电 话：广东省东莞市金河文明四街13号0769-88661482 开户行及账号：中国工商银行东莞市分行9558805746788270439	备注	东莞市东方工厂 91441900MA53W92A29 发票专用章

收款人：顾家汀　　复 核：　　开票人：张平安　　销售方：（章）

税总函〔2021〕234号广东印钞有限公司

第三联：发票联　购买方记账凭证

业务 36 $\frac{4}{6}$

4100092712　　**广东增值税专用发票**　　№ 12765849　4100092712

发票联

12765849

开票日期：2021年12月19日

购买方	名　　称：杭州市永兴公司 纳税人识别号：91330103203149653 89A 地 址、电 话：杭州市滨江区江南大道1066号0571-86730345 开户行及账号：中国工商银行杭州市支行9558800036578980236	密码区	4</73**8-/+7+358/3*1761*6448 241<38*91<457<66812003+0/651 8/863<*55>*+4752+32/48<11*4/ 9++4/<*311<+*227-1398689495-

货物或应税劳务、服务名称	规格型号	单位	数量	单价	金额	税率	税额
*运输服务*运输服务费			1	500.00	500.00	9%	45.00
合　　计					¥500.00		¥45.00
价税合计（大写）	⊗ 伍佰肆拾伍圆整				（小写）¥545.00		

销售方	名　　称：东莞市东方工厂 纳税人识别号：91441900MA53W92A29 地 址、电 话：广东省东莞市金河文明四街13号0769-88661482 开户行及账号：中国工商银行东莞市分行9558805746788270439	备注	东莞市东方工厂 91441900MA53W92A29 发票专用章

收款人：顾家汀　　复 核：　　开票人：张平安　　销售方：（章）

税总函〔2021〕234号广东印钞有限公司

第三联：发票联　购买方记账凭证

业务 36 $\frac{5}{6}$

收 料 单

发票号码：　　2021 年 12 月 19 日　　编号：170

供应单位：东莞市东方工厂　　收料仓库：原材料仓库

材料类别：原材料

材料/编号	物料名称	规格型号	单位	数量		实际成本				
				应收	实收	买价		运杂费	其他	合计
						单价	金额			
	滤材		件	200	200	130	26000	500		26500
合计										26500

第一联 存根

采购员：刘五　　检验员：席仔细　　记账员：王用心　　保管员：艾认真

业务 36 $\frac{6}{6}$

中国工商银行
转账支票存根

附加信息

出票日期 2021 年 12 月 19 日

收款人：东莞市东方工厂

金　额：¥29925.00

用　途：支付货款

单位主管 林严谨　　会计 陈心乐

业务 37

产品入库单

2021 年 12 月 20 日

产品编号	产品名称	计量单位	实收数量	单位成本	总成本	备注
EP-1	空气净化器	台	160			
EP-2	空气净化器	台	120			

主管：李二　　保管：艾认真　　交库：林一　　会计：王用心

业务 38 $\frac{1}{2}$

3300092693 浙江增值税专用发票 发票联 № 13765835 3300092693

13765835

开票日期：2021年12月20日

购买方	名称：杭州市永兴公司 纳税人识别号：91330103203149653 89A 地址、电话：杭州市滨江区江南大道1066号0571-86730345 开户行及账号：中国工商银行杭州市支行9558800036578980236	密码区	4</73**8-/+7+358/3*1761*6448 241<38*91<457<66812003+0/651 8/863<*55>*+4752+32/48<11*4/ 9++4/<*311<+*227-1398689495-

货物或应税劳务、服务名称	规格型号	单位	数量	单价	金额	税率	税额
*水冰雪*水费		吨	4000	2.00	8000.00	13%	1040.00
合计					¥8000.00		¥1040.00
价税合计（大写）	⊗ 玖仟零肆拾圆整				（小写）¥9040.00		

销售方	名称：杭州滨江水务有限公司 纳税人识别号：913301087289151 4XQ 地址、电话：浙江省杭州市滨江区火炬大道1699号0571-86686000 开户行及账号：中国工商银行杭州市支行9558804855749730192	备注	11月20日至12月19日的水费

收款人：张启　复核：　开票人：肖北辰　销售方：（章）

税总函〔2021〕257号浙江印钞厂

第三联：发票联　购买方记账凭证

（印章：全国统一发票监制章 浙江 国家税务总局监制；杭州滨江水务有限公司 91330108728915 14XQ 发票专用章）

业务 38 $\frac{2}{2}$

中国工商银行 托收凭证（付款通知）　5

委托日期 2021 年 12 月 20 日　付款期限 2021 年 12 月 20 日

业务类型	委托收款（□邮划、☑电划）			托收承付（□邮划、□电划）		
付款人	全称	杭州市永兴公司	收款人	全称	杭州滨江水务有限公司	
	账号	9558800036578980236		账号	9558804855749730192	
	地址	浙江省杭州市/县　开户行 中国工商银行杭州市支行		地址	浙江省杭州市/县　开户行 中国工商银行杭州市支行	
金额	人民币（大写）	玖仟零肆拾元整		亿千百十万千百十元角分	¥ 9 0 4 0 0 0	
款项内容	水费	托收凭据名称		附寄单证张数		
商品发运情况			合同名称号码			

备注：

付款人开户银行收到日期　2021 年　月　日　复核　记账

付款人开户银行签章　2021 年 12 月 20 日

（印章：中国工商银行 202112 转讫）

付款人注意：
1、根据支付结算方法，上列委托收款（托收承付）款项在付款期内未提出拒付，即视为同意付款，以此代付款通知。
2、如需提出全部或部分拒付，应在规定期内，将拒付理由书并附债务证明退交开户银行。

此联付款人开户银行给付款人按期付款通知

（2021）10*17.5公分 交15 角直印刷 0152165011866

业务 39 $\frac{1}{2}$

3300092872 浙江增值税专用发票 发票联 № 13764934 3300092872

13764934

开票日期：2021年12月21日

购买方	名称：杭州市永兴公司 纳税人识别号：91330103203149653 89A 地址、电话：杭州市滨江区江南大道1066号0571-86730345 开户行及账号：中国工商银行杭州市支行9558800036578980236	密码区	4</73**8-/+7+358/3*1761*6448 241<38*91<457<66812003+0/651 8/863<*55>*+4752+32/48<11*4/ 9++4/<*311<+*227-1398689495-

货物或应税劳务、服务名称	规格型号	单位	数量	单价	金额	税率	税额
*供电*电费		度	20000	2.50	50000.00	13%	6500.00
合计					¥50000.00		¥6500.00
价税合计（大写）	⊗ 伍万陆仟伍佰圆整				（小写）¥56500.00		

销售方	名称：杭州市滨江供电分公司 纳税人识别号：913301001430486852 地址、电话：浙江省杭州市滨江区庙后王路263号0571-51221133 开户行及账号：中国工商银行杭州市支行9558825466603264177	备注	11月20日至12月19日的电费

收款人：凌风　复核：　开票人：孟海尘　销售方：（章）

税总函〔2021〕257号浙江印钞厂

第三联：发票联　购买方记账凭证

（印章：全国统一发票监制章 浙江 国家税务总局监制；杭州市滨江供电分公司 913301001430486852 发票专用章）

业务 39 $\frac{2}{2}$

5

中国工商银行　托收凭证（付款通知）

委托日期　2021 年 12 月 21 日　　　付款期限　2021 年 12 月 21 日

业务类型	委托收款（□邮划、☑电划）			托收承付（□邮划、□电划）			
付款人	全称	杭州市永兴公司		收款人	全称	杭州市滨江供电分公司	
	账号	9558800036578980236			账号	9558825466603264177	
	地址	浙江 省 杭州 市/县	开户行：中国工商银行杭州市支行		地址	浙江 省 杭州 市/县	开户行：中国工商银行杭州市支行
金额	人民币（大写）	伍万陆仟伍佰元整				亿千百十万千百十元角分	¥ 5 6 5 0 0 0 0
款项内容	电费	托收凭据名称		附寄单证张数			
商品发运情况				合同名称号码			

备注：

付款人开户银行收到日期　2021 年 月 日

复核　记账

付款人开户银行签章　2021 年 12 月 21 日

（印章：中国工商银行 202112 转讫）

付款人注意：
1. 根据支付结算方法，上列委托收款（托收承付）款项在付款期内未提出拒付，即视为同意付款，以此代付款通知。
2. 如需提出全部或部分拒付，应在规定期内，将拒付理由书并附债务证明退交开户银行。

此联付款人开户银行给付款人按期付款通知

（2019）10+17.5公分　文15　南门印刷　0152165011866

业务 40

领　料　单

仓库：原料库　　2021 年 12 月 22 日　　领料单编号：123

编号	类别	物料名称	规格	单位	数量 请领	数量 实发	实际价格 单价	实际价格 金额
1		电子智控件		件	800	800		
2		塑胶件		件	400	400		
3		滤材		套	180	180		
合计								
用途	用于EP2空气净化器的生产				领料部门 负责人：王贝	领料人：林一	发料部门 核准人：席仔细	发料人：艾认真

第三联 交财务

业务 41 $\frac{1}{4}$

销售通知单

日期：2021-12-23　　编号：

采购单位：宁波市久久外贸公司

产品名称	型号	单位	数量	单价	金额（元/不含税）	税率
空气净化器	EP-1型	台	120	2000	240 000	13%
空气净化器	EP-2型	台	200	3000	600 000	13%
合　计					840 000	

产品销售：

合同：☑ 有　□ 无

客户开票信息：（□ 普通发票　☑ 专用发票）
单位名称：宁波市久久外贸公司
税号：913302033472897A
开户银行及账号 中国工商银行宁波市支行 9558 8330 1244 5099 446
地址及电话：宁波市海曙区百丈东路23号 0574-86276262

备注：（请填写开票要求）商品内容请填写：

销售助理或销售经理	王一	部门经理	李二	分管总经理	张三	总经理	赵四

业务 41 $\frac{2}{4}$

出库单 No 246

会计部门编号
仓库部门编号

2021 年12 月23 日

编号	名称	规格	单位	出库数量	单价	金额	备注
1	空气净化器	EP-1型	台	120	2000	240 000	
2	空气净化器	EP-2型	台	200	3000	600 000	
合 计						840 000	

第二联交财务部

生产车间或部门:车间1　　仓库管理员：艾认真

业务 41 $\frac{3}{4}$

3300092651　　浙江增值税专用发票　　№ 13765835　3300092651

此联不作报销、扣税凭证使用

13765835

开票日期：2021年12月23日

购买方	名　　称：宁波市久久外贸公司 纳税人识别号：913302033472897A 地 址、电 话：宁波市海曙区百丈东路23号0574-86276262 开户行及账号：中国工商银行宁波市支行9558833012445099446	密码区	4</73**8-/+7+358/3*1761*6448 241<38*91<457<66812003+0/651 8/863<*55>*+4752+32/48<11*4/ 9++4/<*311<+*227-1398689495-

货物或应税劳务、服务名称	规格型号	单位	数量	单价	金额	税率	税额
*空调*空气净化器	EP-1型	台	120	2000.00	240000.00	13%	31200.00
*空调*空气净化器	EP-1型	台	200	3000.00	600000.00	13%	78000.00
合　　计					¥840000.00		¥109200.00
价税合计（大写）	⊗ 玖拾肆万玖仟贰佰圆整				（小写）¥949200.00		

销售方	名　　称：杭州市永兴公司 纳税人识别号：9133010320314965389A 地 址、电 话：杭州市滨江区江南大道1066号0571-86730345 开户行及账号：中国工商银行杭州市支行9558800036578980236	备注	

收款人：陈心乐　　复 核：　　开票人：王用心　　销售方：（章）

第一联：记账联　销售方记账凭证

税总函〔2021〕257号浙江印钞厂

业务 41 $\frac{4}{4}$

商业承兑汇票　2　00354729 20672891

出票日期（大写）　贰零贰壹 年 壹拾贰 月 贰拾叁 日

付款人	全　称	宁波市久久外贸公司	收款人	全　称	杭州市永兴公司
	账　号	9558833012445099446		账　号	9558800036578980236
	开户银行	中国工商银行宁波市支行		开户银行	中国工商银行杭州市支行
出票金额	人民币（大写）玖拾肆万玖仟贰佰元整			亿千百十万千百十元角分	¥ 9 4 9 2 0 0 0 0
汇票到期日（大写）	贰零贰壹年零陆月贰拾叁日		付款人开户行	行号	283490492
交易合同号码				地址	杭州市海曙区百丈东路23号
本汇票请你行承兑，到期无条件付款。			本汇票已予以承兑于到期日付款。		
承兑人签章 承兑日期　年　月　日			出票人签章		

此联收款人开户行随托收凭证寄付款行作借方凭证附件

宁波市久久外贸公司 财务专用章　李久印章　中国工商银行宁波市支行 283490492 汇票专用章

业务 42

中国工商银行 收费回单

交易流水： 2021 年 12 月 23 日

付款人账号	杭州市永兴公司	收款人账号	
收费种类	币种	交易金额	收费金额
转账支票工本费			¥50.00
现金支票工本费			¥50.00
合计金额：	¥100.00		

柜员号： 章：

业务 43

中国工商银行 网上银行电子回单

回单号码：

付款人	户名	中国工商银行杭州市支行	收款人	户名	杭州市永兴公司
	账号			账号	9558 8000 3657 8980 236
	开户银行			开户银行	中国工商银行杭州市支行
金额		¥4000.00			
摘要		理财产品利息	业务（产品）种类		理财产品
用途					
交易流水号			时间戳		
记账网点		记账柜员		记账日期	

打印日期：2021-12-23

重要提示：
1. 如果您是收款方，请到工行网站www.icbc.com.cn电子回单验证处进行回单验证。
2. 本回单不作为收款方发货依据，并请勿重复记账。
3. 您可以选择发送邮件，将此电子回单发送给指定的接收人。

业务 44 $\frac{1}{3}$

浙江增值税电子普通发票

发票代码：3300092813
发票号码：24263270
开票日期：2021年12月24日
校 验 码：26245 43947 15776 35481

机器编号：487055844391

购买方	名称：杭州市永兴公司 纳税人识别号：9133010320314965389A 地址、电话：杭州市滨江区江南大道1066号0571-86730345 开户行及账号：中国工商银行杭州市支行9558800036578980236			密码区	4</73**8-/+7+358/3*1761*6448 241<38*91<457<66812003+0/651 8/863<*55>*+4752+32/48<11*4/ 9++4/<*311<+*227-1398689495-		
货物或应税劳务、服务名称	规格型号	单位	数量	单价	金额	税率	税额
*广告代理服务*广告费			1	75471.70	75471.70	6%	4528.30
合计					¥75471.70		¥4528.30
价税合计（大写）	⊗ 捌万圆整				（小写）¥80000.00		
销售方	名称：杭州市欣欣广告公司 纳税人识别号：91330105670617181Y 地址、电话：浙江省杭州市滨江区长河街道滨安路650号0571-86256665 开户行及账号：中国工商银行杭州市支行9558842053802312880			备注			

收款人：万茜 复核： 开票人：徐怡 销售方：（章）

业务 44 $\frac{1}{3}$

浙江增值税电子普通发票

（印章：全国统一发票监制章 浙江 国家税务总局监制）

发票代码：3300092813
发票号码：24263270
开票日期：2021年12月24日
校 验 码：26245 43947 15776 35481

机器编号：487055844391

购买方	名称：杭州市永兴公司 纳税人识别号：91330103203149653 89A 地址、电话：杭州市滨江区江南大道1066号0571-86730345 开户行及账号：中国工商银行杭州市支行9558800036578980236	密码区	4</73**8-/+7+358/3*1761*6448 241<38*91<457<66812003+0/651 8/863<*55>*+4752+32/48<11*4/ 9++4/<*311<+*227-1398689495-

货物或应税劳务、服务名称	规格型号	单位	数量	单价	金额	税率	税额
*广告代理服务*广告费			1	75471.70	75471.70	6%	4528.30
合计					¥75471.70		¥4528.30
价税合计（大写）	⊗ 捌万圆整				（小写）¥80000.00		

销售方	名称：杭州市欣欣广告公司 纳税人识别号：91330105670617181Y 地址、电话：浙江省杭州市滨江区长河街道滨安路650号0571-86256665 开户行及账号：中国工商银行杭州市支行9558842053802312880	备注	

收款人：万茜　　复核：　　开票人：徐怡　　销售方：（章）

业务 44 $\frac{2}{3}$

付款申请书

2021 年 12 月 24 日

用途及情况	金额										收款单位（人）：杭州市欣欣广告公司			
支付广告费	千	百	十	万	千	百	十	元	角	分	账号：9558 8420 5380 2312 880			
			¥	8	0	0	0	0	0	0	开户行：中国工商银行杭州市支行			
金额（大写）合计：	人民币 捌万元整										电汇：☐	汇票：☐	转账：☑	
总经理	赵四	财务部门	经理	林严谨							申请部门	经理	沈依依	
			会计	王用心								经办人	王贝贝	

业务 44 $\frac{3}{3}$

请沿虚线剪下，左边为存根联，应留存记账，右边应给客户办理转账

中国工商银行
转账支票存根
10203310
10613654
附加信息
出票日期　年　月　日
收款人：
金　额：
用　途：
单位主管　　会计

中国工商银行 转账支票　10203310 10613654
出票日期（大写）　年　月　日　　付款行名称：
收款人：　　出票人账号：
付款期限自出票之日起十天
人民币（大写）　亿 千 百 十 万 千 百 十 元 角 分
用途　　密码
上列款项请从　　行号
我账户内支付
出票人签章　　复核　　记账

⑈84316 ⑆571022123⑆ 21209900077422⑈ 01

业务 45 $\frac{1}{3}$

付款申请书

2021 年 12 月24 日

用途及情况	金额										收款单位（人）： 上海赛贸会展有限公司
支付展位费	千	百	十	万	千	百	十	元	角	分	账号： 9558 8114 549 7653 331
			¥	1	0	0	0	0	0	0	开户行： 中国工商银行上海市分行
金额（大写）合计：	人民币壹万元整										电汇：☐ 汇票：☐ 转账：☑

总经理	赵四	财务部门	经理	林严谨	申请部门	经理	沈依依
			会计	王用心		经办人	王贝贝

业务 45 $\frac{2}{3}$

上海增值税电子普通发票

全国统一发票监制章 上海 国家税务总局监制

发票代码：3100093421
发票号码：67320946
开票日期：2021年12月24日
机器编号：487055844391　　校 验 码：28915 47197 10376 35481

购买方	名 称：杭州市永兴公司 纳税人识别号：9133010320314965389A 地 址、电 话：杭州市滨江区江南大道1066号0571-86730345 开户行及账号：中国工商银行杭州市支行9558800036578980236	密码区	4</73**8-/+7+358/3*1761*6448 241<38*91<457<66812003+0/651 8/863<*55>*+4752+32/48<11*4/ 9++4/<*311<+*227-1398689495-

货物或应税劳务、服务名称	规格型号	单位	数 量	单 价	金 额	税率	税 额
*会展服务*展位费			1	9433.96	9433.96	6%	566.04
合 计					¥9433.96		¥566.04
价税合计（大写）	⊗ 壹万圆整				（小写） ¥10000.00		

销售方	名 称：上海赛贸会展有限公司 纳税人识别号：91310116301786553M 地 址、电 话：上海市金山工业区亭卫公路6558号021-66175388 开户行及账号：中国工商银行上海市分行955881145497653331	备注	上海赛贸会展有限公司 91310116301786553M 发票专用章

收款人：郝梦　　复 核：　　开票人：方芳　　销售方：（章）

业务 45 $\frac{3}{3}$

中国工商银行
转账支票存根

附加信息

出票日期 2021 年12 月24 日

收款人：	上海赛贸会展有限公司
金 额：	¥10000.00
用 途：	展位费

单位主管 林严谨　　会计 陈心乐

业务 46 $\frac{1}{4}$

付款申请书

2021 年 12 月 24 日

用途及情况	金额										收款单位（人）： 常州明达机械公司
支付生产线安装款	千	百	十	万	千	百	十	元	角	分	账号： 9558 8125 3375 2684 993
		¥	9	0	4	0	0	0	0	0	开户行： 中国工商银行常州市支行
金额（大写）合计：	人民币 玖拾万肆仟元整										电汇：☐ 汇票：☐ 转账：☑

总经理	赵四	财务部门	经理	林严谨	申请部门	经理	周淇
			会计	王用心		经办人	陈洁

业务 46 $\frac{2}{4}$

3300095438 浙江增值税专用发票 发票联 № 13788352 3300095438

13788352

开票日期： 2021年12月24日

购买方	
名称：	杭州市永兴公司
纳税人识别号：	9133010320314965389A
地址、电话：	杭州市滨江区江南大道1066号0571-86730345
开户行及账号：	中国工商银行杭州市支行9558800036578980236

密码区：
4</73**8-/+7+358/3*1761*6448
241<38*91<457<66812003+0/651
8/863<*55>*+4752+32/48<11*4/
9++4/<*311<+*227-1398689495-

货物或应税劳务、服务名称	规格型号	单位	数量	单价	金额	税率	税额
*建筑服务*工程安装款			1	800000.00	800000.00	13%	104000.00
合计					¥800000.00		¥104000.00
价税合计（大写）	⊗ 玖拾万肆仟圆整				（小写）¥904000.00		

销售方	
名称：	常州明达机械公司
纳税人识别号：	91320412137192699U
地址、电话：	武进区湖塘镇沟南工业集中区0519-86546668
开户行及账号：	中国工商银行常州市支行9558812533752684993

备注：（印章：常州明达机械公司 91320412137192699U 发票专用章）

收款人： 宋丽　　复核：　　开票人： 唐风　　销售方：（章）

税总函〔2021〕257号浙江印钞厂

第三联：发票联 购买方记账凭证

业务 46 $\frac{3}{4}$

中国工商银行
转账支票存根

附加信息

出票日期 2021 年 12 月 24 日

收款人：	常州明达机械公司
金额：	¥904 000.00
用途：	工程安装款

单位主管 林严谨　　会计 陈心乐

业务 46 $\frac{3}{4}$

中国工商银行
转账支票存根

附加信息

出票日期 2021 年 12 月 24 日

收款人：	常州明达机械公司
金额：	¥904 000.00
用途：	工程安装款

单位主管 林严谨　　会计 王用心

业务 46 $\frac{4}{4}$

固定资产交接单

2021 年 12 月 24 日

移交单位	常州明达机械公司	接受单位	杭州市永兴公司
固定资产名称	生产线	规格	
技术特征		数量	1
附属物			
建造企业	常州明达机械公司	出厂或建成年月	
安装单位	常州明达机械公司	安装完工年月	2021-12-24
原值	¥800000.00	其中：安装费	
移交单位负责人	李明	接受单位负责人	赵四

业务 47 $\frac{1}{3}$

付款申请书

2021 年 12 月 25 日

用途及情况	金额										收款单位（人）：杭州市综合行政执法局	
交通违法，支付罚款	千	百	十	万	千	百	十	元	角	分	账号：	
					¥	3	0	0	0	0	开户行：	
金额（大写）合计：	人民币 叁佰元整										电汇：☐ 汇票：☐	转账：☑

总经理	赵四	财务部门	经理	林严谨	申请部门	经理	何菲菲
			会计	王用心		经办人	邱真真

业务 47 $\frac{2}{3}$

中国工商银行
现金支票存根

10209310

10613654

附加信息

出票日期 2021 年 12 月 25 日

收款人：杭州市综合行政执法局

金　额：¥300.00

用　途：交通罚款

单位主管 林严谨 会计 陈心乐

业务 47 $\frac{3}{3}$

浙江省罚没款专用收据

（印章：票据监制章 实训 财政部监制）

2021 年 12 月 25 日

当事人 杭州市永兴公司	
罚没事由（处罚决定书号） 企业班车交通违法	
罚款金额 ¥300.00	第三联
加收罚没款金额 0	收据
合计：¥300.00	
合计金额（大写）叁佰元整	
备注：	
个人不准报销，单位不准进成本	

印章： 负责人：王筱 收款人：钱华

业务 48

中国工商银行
现金支票存根

10209310

10613654

附加信息

出票日期 2021 年 12 月 25 日

收款人：杭州市永兴公司

金 额：¥2000.00

用 途：备用金

单位主管 林严谨 会计 陈心乐

业务 49 $\frac{1}{3}$

领 料 单

仓库： 原料库 2021 年 12 月 25 日 领料单编号：124

编号	类别	物料名称	规格	单位	数量		实际价格	
					请领	实发	单价	金额
1		滤材		件	80	80		
合计								
用途	转让闲置滤材				领料部门		发料部门	
					负责人	领料人	核准人	发料人
					王贝	林一	席仔细	艾认真

第三联 交财务

业务 49 $\frac{2}{3}$

浙江增值税专用发票

3300092661　　　　№ 13765836　　3300092661

此联不作报销、扣税凭证使用　　　　13765836

（全国统一发票监制章　浙江　国家税务总局监制）

开票日期：2021年12月25日

购买方	名　　称：杭州市三七电子厂 纳税人识别号：91330110779250969F 地址、电话：杭州市余杭区闲林街道裕丰路7号0571-88683459 开户行及账号：中国工商银行杭州市支行9558844023682229184				密码区	4</73**8-/+7+358/3*1761*6448 241<38*91<457<66812003+0/651 8/863<*55>*+4752+32/48<11*4/ 9++4/<*311<+*227-1398689495-	
货物或应税劳务、服务名称	规格型号	单位	数量	单价	金额	税率	税额
*通用设备*滤材		件	80	150.00	12000.00	13%	1560.00
合　计					¥12000.00		¥1560.00
价税合计（大写）	⊗ 壹万叁仟伍佰陆拾圆整				（小写）¥13560.00		
销售方	名　　称：杭州市永兴公司 纳税人识别号：91330103203149653 89A 地址、电话：杭州市滨江区江南大道1066号0571-86730345 开户行及账号：中国工商银行杭州市支行9558800036578980236				备注		

收款人：陈心乐　　复核：　　开票人：王用心　　销售方：（章）

税总函〔2021〕257号浙江印钞厂

第一联：记账联　销售方记账凭证

业务 49 $\frac{3}{3}$

中国工商银行进账单（收账通知）　3

2021 年12 月25 日

出票人	全称	杭州市三七电子厂	收款人	全称	杭州市永兴公司
	账号	9558 8440 2368 2229 184		账号	9558 8000 3657 8980 236
	开户银行	中国工商银行杭州市支行		开户银行	中国工商银行杭州市支行
金额	人民币（大写）	壹万叁仟伍佰陆拾元整		千百十万千百十元角分	¥ 1 3 5 6 0 0 0
票据种类	转账支票	票据张数	1		
票据号码					
	复核　　记账			收款人开户银行盖章	

（中国工商银行 2021.12 转讫）

此联是收款人开户银行交给收款人的收账通知

业务 50

中国工商银行信汇凭证（收账通知）4

委托日期：2021 年12 月26 日

汇款人	全称	广东省顺达贸易公司	收款人	全称	杭州市永兴公司
	账号	9558 8436 7789 9920 773		账号	9558 8000 3657 8980 236
	汇出地点	广东 省佛山 市/县		汇入地点	浙江 省杭州 市/县
汇出行名称		中国工商银行佛山市支行	汇入行名称		中国工商银行杭州市支行
金额	人民币（大写）	肆拾万元整		亿千百十万千百十元角分	¥ 4 0 0 0 0 0 0 0
款项已收入收款人账户			支付密码		******
			附加信息及用途：		广东省顺达贸易公司预付款
		汇出行签章	复核：		记账

（中国工商银行 2021.12 转讫）

此联汇出行给汇款人的收账通知

业务51 $\frac{1}{4}$

付款申请书

2021 年 12 月27 日

用途及情况	金额										收款单位（人）： 北京新兴科技公司
购买固定资产	千	百	十	万	千	百	十	元	角	分	账号： 9558 8003 2930 7639 225
			¥	3	1	2	9	2	3	0	开户行： 中国工商银行北京市支行
金额（大写）合计：	人民币 叁万壹仟贰佰玖拾贰元叁角整										电汇：☐ 汇票：☐ 转账：☑

总经理	赵四	财务部门	经理	林严谨	申请部门	经理	周淇
			会计	王用心		经办人	陈浩

业务51 $\frac{2}{4}$

1100132730　　北京增值税专用发票　　№ 11902839　1100132730

发票联

11902839

开票日期： 2021年12月27日

购买方	名　　称：杭州市永兴公司 纳税人识别号：91330103203149653 89A 地 址 、电 话：杭州市滨江区江南大道1066号0571-86730345 开户行及账号：中国工商银行杭州市支行95588000365789802 36	密码区	4</73**8-/+7+358/3*1761*6448 241<38*91<457<66812003+0/651 8/863<*55>*+4752+32/48<11*4/ 9++4/<*311<+*227-1398689495-

货物或应税劳务、服务名称	规格型号	单位	数量	单价	金额	税率	税额
*其他机械设备*机器设备		台	1	27692.30	27692.30	13%	3600.00
合　　计					¥27692.30		¥3600.00
价税合计（大写）	⊗ 叁万壹仟贰佰玖拾贰圆叁角整				（小写）¥31292.30		

销售方	名　　称：北京新兴科技公司 纳税人识别号：91110112318020159U 地 址 、电 话：北京市通州区台湖镇铺西路1号0471-3371777 开户行及账号：中国工商银行北京市支行9558800329307639225	备注	北京新兴科技公司 91110112318020159U 发票专用章

收款人：唐莫　　复核：　　开票人：冯迁　　销售方：（章）

税总函〔2021〕117号北京印钞有限公司

第三联：发票联 购买方记账凭证

业务51 $\frac{3}{4}$

中国工商银行
转账支票存根

附加信息

出票日期 2021 年 12 月 27日

收款人：	北京新兴科技公司
金　额：	¥31292.30
用　途：	购买机器设备

单位主管 林严谨　　会计 陈心乐

业务 51 $\frac{4}{4}$

固定资产交接单

2021 年 12 月 27 日

移交单位	北京新兴科技公司	接受单位	杭州市永兴公司
固定资产名称	机器设备	规格	
技术特征		数量	1
附属物			
建造企业		出厂或建成年月	
安装单位		安装完工年月	
原值	¥27692.30	其中：安装费	
移交单位负责人	王豪	接受单位负责人	赵四

业务 51 $\frac{4}{4}$

固定资产交接单

2021 年 12 月 27 日

移交单位	北京新兴科技公司	接受单位	杭州市永兴公司
固定资产名称	机器设备	规格	
技术特征		数量	1
附属物			
建造企业		出厂或建成年月	
安装单位		安装完工年月	
原值	27692.30	其中：安装费	
移交单位负责人	王豪	接受单位负责人	赵四

业务 52

产品入库单

2021 年 12 月 28 日

产品编号	产品名称	计量单位	实收数量	单位成本	总成本	备注
EP-1	空气净化器	台	160			
EP-2	空气净化器	台	200			

主管：李二　　保管：艾认真　　交库：林一　　会计：王用心

业务 53

领 料 单

仓库：包装物　　　　2021 年 12 月31 日　　　　领料单编号：125

编号	类别	物料名称	规格	单位	数量		实际价格	
					请领	实发	单价	金额
1		包装物	EP-1	件	800	800		
2		包装物	EP-2	件	850	850		
合计								
用途	用于产品EP-1和EP-2的包装				领料部门		发料部门	
					负责人	领料人	核准人	发料人
					王贝	林一	席仔细	艾认真

第三联 交财务

业务 54 $\frac{1}{3}$

付款申请书

2021 年 12 月31 日

用途及情况	金额										收款单位（人）：嘉兴塑胶制品有限公司		
购货款	千	百	十	万	千	百	十	元	角	分	账号：9558 8230 4532 8153 328		
		¥	1	2	6	1	0	8	0	0	开户行：中国工商银行嘉兴市支行		
金额（大写）合计：	人民币 壹拾贰万陆仟壹佰零捌元整										电汇：☐	汇票：☐	转账：☑
总经理 赵四	财务部门				经理		林严谨				申请部门	经理	贺六
					会计		王用心					经办人	刘五

业务 54 $\frac{2}{3}$

3300099142　　　　浙江增值税专用发票　　　　№ 13894566　3300099142

发　票　联　　　　13894566

开票日期：2021年12月31日

购买方	名称：杭州市永兴公司 纳税人识别号：9133010320314965389A 地址、电话：杭州市滨江区江南大道1066号0571-86730345 开户行及账号：中国工商银行杭州市支行9558800036578980236					密码区	4</73**8-/+7+358/3*1761*6448 241<38*91<457<66812003+0/651 8/863<*55>*+4752+32/48<11*4/ 9++4/<*311<+*227-1398689495-	
货物或应税劳务、服务名称	规格型号	单位	数量	单价	金额	税率	税额	
*橡胶制品*塑胶件		件	600	186.00	111600.00	13%	14508.00	
合计					¥111600.00		¥14508.00	
价税合计（大写）	⊗ 壹拾贰万陆仟壹佰零捌圆整				（小写）¥126108.00			
销售方	名称：嘉兴塑胶制品有限公司 纳税人识别号：913304022294284057A 地址、电话：嘉兴市南湖区新城北路18号0573-82035228 开户行及账号：中国工商银行嘉兴市支行9558823045328153328					备注		

收款人：张昊　　　　复核：　　　　开票人：林斌　　　　销售方：（章）

税总函〔2021〕257号浙江印钞厂

第三联：发票联 购买方记账凭证

业务54 $\frac{3}{3}$

5

中国工商银行 托收凭证（付款通知）

委托日期 2021 年 12 月 31 日

付款期限 2021 年 12 月 31 日

业务类型	委托收款（□邮划、☑电划）		托收承付（□邮划、□电划）	
付款人 全称	杭州市永兴公司		收款人 全称	嘉兴塑胶制品有限公司
付款人 账号	9558800036578980236		收款人 账号	9558823045328153328
付款人 地址	浙江 省 杭州 市县	开户行：中国工商银行杭州市支行	收款人 地址	浙江 省 杭州 市县　开户行：中国工商银行嘉兴市支行
金额 人民币（大写）	壹拾贰万陆仟壹佰零捌元整		亿千百十万千百十元角分	¥ 1 2 6 1 0 8 0 0
款项内容	货款	托收凭据名称		附寄单证张数
商品发运情况			合同名称号码	

备注：

付款人开户银行收到日期 2021 年 月 日

复核 记账

中国工商银行 202112 转讫

付款人开户银行签章 2021 年 12 月 31 日

付款人注意：

1. 根据支付结算方法，上列委托收款（托收承付）款项在付款期内未提出拒付，即视为同意付款，以此代付款通知。
2. 如需提出全部或部分拒付，应在规定期内，将拒付理由书并附债务证明退交开户银行。

此联付款人开户银行给付款人按期付款通知

(2019) 10*17.5公分 文15 角南印刷 015216501866

业务55

中国工商银行

存款利息通知单（收账通知）

记账日期：2021-12-31　　检索号：

付款人户名：　　付款人账号：

收款人户名：杭州市永兴公司　　收款人账号：9558 8000 3657 8980 236

金额：人民币（大写）叁仟贰佰元整　　¥ 3200.00

起息日期：2021-12-01　　止息日期：2021-12-31　　息余积数：　　利率：

利息：　　调整利息：　　冲正利息：　　计息账户账号：

金融自助卡号：　　打印时间：

银行验证码：　　打印方式：　　已打印次数：

地区号：　　网点号：　　柜员号：　　授权柜员号：

业务56 $\frac{1}{2}$

原材料加权平均单位成本计算表

2021 年 12 月 31 日　　单位：元

材料名称	期初结存		本期收入		合计		加权平均单价
	数量	金额	数量	金额	数量	金额	
电子件	300	96 000					
电子智控件	650	261 300					
塑胶件	1 100	201 160					
滤材	1 000	125 000					
包装材料	1 400	35 000					

财务主管：　　制单：　　复核：

业务 56 $\frac{2}{2}$

发料凭证汇总表

项目	加权平均单价	空气净化器 EP-1		空气净化器 EP-2		对外销售		合计
		数量	金额	数量	金额	数量	金额	
电子件								
电子智控件								
塑胶件								
滤材								
包装物								
合计	—	—		—		—		

附领料单　份

财务主管：　　　　制单：　　　　复核：

业务 57

应付工资结算汇总表

部门		基本工资	津贴	绩效	其他	合计
生产工人	EP-1 型空气净化器	300 000	100 000	108 000	34 000	
	EP-2 型空气净化器	530 000	130 000	120 000	45 000	
车间管理人员		60 000	40 000	38 000	20 800	
行政管理人员		70 000	60 000	58 000	20 000	
专设销售机构人员		45 000	30 000	80 000	30 000	
合计		1 005 000	360 000	404 000	149 800	

财务主管：　　　　制单：　　　　复核：

业务 58

职工福利计提表

部门		工资总额	计提金额(比例 14%)
生产工人	EP-1 型空气净化器		
	EP-2 型空气净化器		
车间管理人员			
行政管理人员			
专设销售机构人员			
合计			

财务主管：　　　　制单：　　　　复核：

业务 59

水、电费用计算分配表

部门	水费分配			电费分配			总计
	耗用量（立方）	单价（元/立方）	金额	耗用量（度）	单价	金额	
车间	1 856	4.7		84 352	0.66		
行政管理部门	130	4.7		5 680	0.66		
专设销售机构	23	4.7		120	0.66		
合计	2 009	4.7		90 152	0.66		

财务主管：　　　　制单：　　　　复核：

业务 60

固定资产折旧计算汇总表

使用部门与类别		月初固定资产原值	月折旧率	月折旧额
使用部门	类别			
生产车间	房屋建筑物	1 200 000	0.4%	
	机器设备	720 000	1%	
	小计		—	
行政管理部门	房屋建筑物	4 000 000	0.4%	
	机器设备	800 000	1%	
	小计		—	
专设销售机构	房屋建筑物	3 000 000	0.4%	
	机器设备	200 000	1%	
	小计		—	
合　计			—	

财务主管：　　　　制单：　　　　复核：

业务 61

制造费用分配表

产品种类	分配标准（生产工人工资）	分配率	分配金额
EP-1 型空气净化器	542 000		
EP-2 型空气净化器	825 000		
合计	1 367 000		

财务主管：　　　　制单：　　　　复核：

业务 62

产品成本计算表

成本项目	EP-1 型空气净化器（　　）台		EP-2 型空气净化器（　　）台	
	总成本	单位成本	总成本	单位成本
直接材料				
直接人工				
制造费用				
生产成本合计				

附入库单　张

财务主管：　　　　　　制单：　　　　　　复核：

业务 63 $\frac{1}{2}$

库存商品加权平均单位成本计算表

产品名称	计量单位	期初结存		本期增加		合计		加权平均成本
		数量	金额	数量	金额	数量	金额	
EP-1 型空气净化器	台	500	650 000					
EP-2 型空气净化器	台	700	1 540 000					
合计		—	1 812 000	—		—		—

附入库单　张

财务主管：　　　　　　制单：　　　　　　复核：

业务 63 $\frac{2}{2}$

主营业务成本计算表

产品名称	计量单位	加权平均单位成本	本期销售	
			数量	金额
EP-1 型空气净化器	台			
EP-2 型空气净化器	台			
合计	—	—	—	

财务主管：　　　　　　制单：　　　　　　复核：

业务 64

坏账准备计提表

项目	账面余额	计提比例	期末坏账准备账户应有余额	坏账准备账账户计提前账面余额	本期应补提（或冲减）数
应收账款		5%			
其他应收款		0			
合计	—	—			

财务主管： 制单： 复核：

业务 65

中国工商银行进账单(收账通知) 3

2021 年12 月31 日

出票人	全称	杭州达利公司	收款人	全称	杭州市永兴公司
	账号	9558 8322 3651 3905 887		账号	9558 8000 3657 8980 236
	开户银行	中国工商银行杭州市支行		开户银行	中国工商银行杭州市支行
金额	人民币（大写）	贰万元整		千百十万千百十元角分	¥2000000
票据种类	转账支票	票据张数	1		
票据号码					
	复核	记账		收款人开户银行盖章	

此联是收款人开户银行交给收款人的收账通知

（印章：中国工商银行 2021.12 转讫）

业务 66 $\frac{1}{2}$

（放款）

借款借据（入账通知）

单位编号：12031 借款日期 2021 年 12 月 31 日 借据编号：0001234

收款单位	名称	杭州市永兴公司	付款单位	名称	中国工商银行杭州市支行
	账号	95588000036578980236		账号	9558769136574922451
	开户银行	中国工商银行杭州市支行		开户银行	中国工商银行杭州市支行
借款金额（大写）：	人民币 陆拾万元整		（小写）：	¥600,000.00	
借款原因及用途	日常经营周转		借款计划指标		

借款期限			
期次	计划还款日期		计划还款金额
	2022年3月30日	☑	600000.00
		☐	
		☐	

你单位上列借款，已转入你单位结算户内。借款到期时应按期由你单位结算转还。

此致

借款单位

（银行盖章）

（印章：中国工商银行杭州市支行 2021.12.31 转账 转讫）

此联由银行退借款单位入账通知

业务 66 $\frac{2}{2}$

贷款凭证（收账通知）

2021 年 12 月 31 日

贷款名称	短期借款	种类		贷款户账号	9558 8000 3657 8980 236								
金　额	人民币 陆拾万元整			百	十	万	千	百	十	元	角	分	
				¥	6	0	0	0	0	0	0	0	
用途	生产经营	单位申请期限											
		银行核定期限											
银行签章（章略） 2021 年 12 月 31 日				单位会计分录 收入　　付出 复核　　记账 主管　　会计									

业务 67

银行借款利息计算表

借款类别	金额	计息起讫时间	借款利率（月）	借款利息
短期借款	1 000 000	12 月 1 日至 12 月 31 日	0.6%	
利息合计				

财务主管：　　　　制单：　　　　复核：

业务 68

应交增值税计算表

项目	当期销项税额 （1）	当期进项税额 （2）	当期应纳增值税税额 （3）＝销项（1）－进项（2）	转出未交增值税 （4）＝（3）
金额				

财务主管：　　　　制单：　　　　复核：

业务 69

应交城市维护建设税和教育费附加计算表

税种	计税依据	计税金额	税率	应纳税额
城市维护建设税	应交增值税与消费税之和		7%	
教育费附加	应交增值税与消费税之和		3%	
合计				

财务主管： 制单： 复核：

业务 70

本月收入类账户发生额汇总表

一级科目	明细科目	余额方向	余额
主营业务收入	EP-1 型空气净化器	贷	
	EP-2 型空气净化器	贷	
其他业务收入	材料	贷	
投资收益		贷	
营业外收入		贷	
收入合计		贷	

财务主管： 制单： 复核：

业务 71

本月费用账户类发生额汇总表

总账科目	余额方向	余额(元)
主营业务成本	借	
其他业务成本	借	
销售费用	借	
管理费用	借	
财务费用	借	
营业外支出	借	
信用减值损失	借	
税金及附加	借	
费用合计	借	

财务主管： 制单： 复核：

业务 72

2021 年度应缴所得税计算表

项目	收入 (1)	费用 (2)	利润总额 (3)＝(1)－(2)	应交所得税 (4)＝(3)×25％
金额				

财务主管：　　　　制单：　　　　复核：

业务 73

2021 年利润分配——未分配利润计算表

项目	利润总额 (1)	所得税费用 (2)	净利润 (3)＝(1)－(2)	结转至“利润分配——未分配利润” (4)＝(3)
金额				

财务主管：　　　　制单：　　　　复核：

业务 74

法定盈余公积金提取计算表

法定盈余公积金提取依据	金额	提取标准	提取金额(元)
净利润			

财务主管：　　　　制单：　　　　复核：

业务 75

利润分配表

项　目	金额(元)
期初未分配利润	
加:本期净利润	
可供分配利润	
减:提取法定盈余公积	
减:向投资者分配利润	400 000
期末未分配利润	

财务主管:　　　　　　　　制单:　　　　　　　　复核:

利润结转及未分配利润计算表

业务 76

账户名称		结转前余额		结转额		结转后余额
		借方	贷方	借方	贷方	
本年利润						
利润分配	提取法定盈余公积					
	应付利润					
	未分配利润					

财务主管:　　　　　　　　制单:　　　　　　　　复核:

二、基础会计综合模拟实训用会计资料及封皮

1. 基础会计综合模拟实训用记账凭证

记　账　凭　证

2021 年 12 月 1 日　　　　第 1 号

摘要	总账科目	明细科目	借方金额										贷方金额										记账
			千	百	十	万	千	百	十	元	角	分	千	百	十	万	千	百	十	元	角	分	
销售并收款	银行存款			2	3	7	3	0	0	0	0	0											√
	主营业务收入	EP－1 空气净化器													6	0	0	0	0	0	0	0	√
	主营业务收入	EP－2 空气净化器												1	5	0	0	0	0	0	0	0	√
	应交税费	应交增值税(销项税额)													2	7	3	0	0	0	0	0	√
合　计			¥	2	3	7	3	0	0	0	0	0	¥	2	3	7	3	0	0	0	0	0	

附单据 4 张

财务主管　　记账　　出纳　　复核　　制单

记　账　凭　证

年　　月　　日　　　　第　　号

摘要	总账科目	明细科目	借方金额										贷方金额										记账
			千	百	十	万	千	百	十	元	角	分	千	百	十	万	千	百	十	元	角	分	
合　计																							

附单据　张

财务主管　　记账　　出纳　　复核　　制单

记账凭证

年　　月　　日　　　　　　　　　　　　第　　号

摘要	总账科目	明细科目	借方金额										贷方金额										记账
			千	百	十	万	千	百	十	元	角	分	千	百	十	万	千	百	十	元	角	分	
合计																							

附单据　　张

财务主管　　　　记账　　　　出纳　　　　复核　　　　制单

记账凭证

年　　月　　日　　　　　　　　　　　　第　　号

摘要	总账科目	明细科目	借方金额										贷方金额										记账
			千	百	十	万	千	百	十	元	角	分	千	百	十	万	千	百	十	元	角	分	
合计																							

附单据　　张

财务主管　　　　记账　　　　出纳　　　　复核　　　　制单

记 账 凭 证

年　　月　　日　　　　　　　　　　　　第　　号

摘要	总账科目	明细科目	借方金额										贷方金额										记账
			千	百	十	万	千	百	十	元	角	分	千	百	十	万	千	百	十	元	角	分	
合 计																							

附单据　　张

财务主管　　　　记账　　　　出纳　　　　复核　　　　制单

记 账 凭 证

年　　月　　日　　　　　　　　　　　　第　　号

摘要	总账科目	明细科目	借方金额										贷方金额										记账
			千	百	十	万	千	百	十	元	角	分	千	百	十	万	千	百	十	元	角	分	
合 计																							

附单据　　张

财务主管　　　　记账　　　　出纳　　　　复核　　　　制单

记 账 凭 证

年 月 日　　　　　　　　　　　　第 号

摘要	总账科目	明细科目	借方金额										贷方金额										记账
			千	百	十	万	千	百	十	元	角	分	千	百	十	万	千	百	十	元	角	分	
合 计																							

附单据　张

财务主管　　记账　　出纳　　复核　　制单

记 账 凭 证

年 月 日　　　　　　　　　　　　第 号

摘要	总账科目	明细科目	借方金额										贷方金额										记账
			千	百	十	万	千	百	十	元	角	分	千	百	十	万	千	百	十	元	角	分	
合 计																							

附单据　张

财务主管　　记账　　出纳　　复核　　制单

记 账 凭 证

年 月 日　　　　第 号

摘要	总账科目	明细科目	借方金额										贷方金额										记账
			千	百	十	万	千	百	十	元	角	分	千	百	十	万	千	百	十	元	角	分	
合 计																							

附单据 张

财务主管　　记账　　出纳　　复核　　制单

记 账 凭 证

年 月 日　　　　第 号

摘要	总账科目	明细科目	借方金额										贷方金额										记账
			千	百	十	万	千	百	十	元	角	分	千	百	十	万	千	百	十	元	角	分	
合 计																							

附单据 张

财务主管　　记账　　出纳　　复核　　制单

记 账 凭 证

年 月 日 第 号

摘要	总账科目	明细科目	借方金额										贷方金额										记账
			千	百	十	万	千	百	十	元	角	分	千	百	十	万	千	百	十	元	角	分	
合 计																							

附单据 张

财务主管 记账 出纳 复核 制单

记 账 凭 证

年 月 日 第 号

摘要	总账科目	明细科目	借方金额										贷方金额										记账
			千	百	十	万	千	百	十	元	角	分	千	百	十	万	千	百	十	元	角	分	
合 计																							

附单据 张

财务主管 记账 出纳 复核 制单

记账凭证

年　月　日　　　　第　号

摘要	总账科目	明细科目	借方金额										贷方金额										记账
			千	百	十	万	千	百	十	元	角	分	千	百	十	万	千	百	十	元	角	分	
合计																							

附单据　张

财务主管　　记账　　出纳　　复核　　制单

记账凭证

年　月　日　　　　第　号

摘要	总账科目	明细科目	借方金额										贷方金额										记账
			千	百	十	万	千	百	十	元	角	分	千	百	十	万	千	百	十	元	角	分	
合计																							

附单据　张

财务主管　　记账　　出纳　　复核　　制单

记 账 凭 证

年　月　日　　　　第　号

摘要	总账科目	明细科目	借方金额										贷方金额										记账
			千	百	十	万	千	百	十	元	角	分	千	百	十	万	千	百	十	元	角	分	
合 计																							

附单据　张

财务主管　　记账　　出纳　　复核　　制单

记 账 凭 证

年　月　日　　　　第　号

摘要	总账科目	明细科目	借方金额										贷方金额										记账
			千	百	十	万	千	百	十	元	角	分	千	百	十	万	千	百	十	元	角	分	
合 计																							

附单据　张

财务主管　　记账　　出纳　　复核　　制单

记 账 凭 证

年　月　日　　　　第　号

摘要	总账科目	明细科目	借方金额										贷方金额										记账
			千	百	十	万	千	百	十	元	角	分	千	百	十	万	千	百	十	元	角	分	
合　计																							

附单据　张

财务主管　　记账　　出纳　　复核　　制单

记 账 凭 证

年　月　日　　　　第　号

摘要	总账科目	明细科目	借方金额										贷方金额										记账
			千	百	十	万	千	百	十	元	角	分	千	百	十	万	千	百	十	元	角	分	
合　计																							

附单据　张

财务主管　　记账　　出纳　　复核　　制单

记 账 凭 证

年 月 日 第 号

摘要	总账科目	明细科目	借方金额										贷方金额										记账
			千	百	十	万	千	百	十	元	角	分	千	百	十	万	千	百	十	元	角	分	
合 计																							

附单据 张

财务主管 记账 出纳 复核 制单

记 账 凭 证

年 月 日 第 号

摘要	总账科目	明细科目	借方金额										贷方金额										记账
			千	百	十	万	千	百	十	元	角	分	千	百	十	万	千	百	十	元	角	分	
合 计																							

附单据 张

财务主管 记账 出纳 复核 制单

记 账 凭 证

年 月 日 第 号

摘要	总账科目	明细科目	借方金额										贷方金额										记账
			千	百	十	万	千	百	十	元	角	分	千	百	十	万	千	百	十	元	角	分	
合计																							

附单据 张

财务主管 记账 出纳 复核 制单

记 账 凭 证

年 月 日 第 号

摘要	总账科目	明细科目	借方金额										贷方金额										记账
			千	百	十	万	千	百	十	元	角	分	千	百	十	万	千	百	十	元	角	分	
合计																							

附单据 张

财务主管 记账 出纳 复核 制单

记 账 凭 证

年 月 日 第 号

摘要	总账科目	明细科目	借方金额										贷方金额										记账
			千	百	十	万	千	百	十	元	角	分	千	百	十	万	千	百	十	元	角	分	
合 计																							

附单据 张

财务主管 记账 出纳 复核 制单

记 账 凭 证

年 月 日 第 号

摘要	总账科目	明细科目	借方金额										贷方金额										记账
			千	百	十	万	千	百	十	元	角	分	千	百	十	万	千	百	十	元	角	分	
合 计																							

附单据 张

财务主管 记账 出纳 复核 制单

记 账 凭 证

年 月 日　　　　　　　　　　第 号

摘要	总账科目	明细科目	借方金额										贷方金额										记账
			千	百	十	万	千	百	十	元	角	分	千	百	十	万	千	百	十	元	角	分	
合 计																							

附单据 张

财务主管　　记账　　出纳　　复核　　制单

记 账 凭 证

年 月 日　　　　　　　　　　第 号

摘要	总账科目	明细科目	借方金额										贷方金额										记账
			千	百	十	万	千	百	十	元	角	分	千	百	十	万	千	百	十	元	角	分	
合 计																							

附单据 张

财务主管　　记账　　出纳　　复核　　制单

记 账 凭 证

年　月　日　　　　第　号

摘要	总账科目	明细科目	借方金额										贷方金额										记账
			千	百	十	万	千	百	十	元	角	分	千	百	十	万	千	百	十	元	角	分	
合计																							

附单据　张

财务主管　　记账　　出纳　　复核　　制单

记 账 凭 证

年　月　日　　　　第　号

摘要	总账科目	明细科目	借方金额										贷方金额										记账
			千	百	十	万	千	百	十	元	角	分	千	百	十	万	千	百	十	元	角	分	
合计																							

附单据　张

财务主管　　记账　　出纳　　复核　　制单

记 账 凭 证

年 月 日　　　　　　第 号

摘要	总账科目	明细科目	借方金额										贷方金额										记账
			千	百	十	万	千	百	十	元	角	分	千	百	十	万	千	百	十	元	角	分	
合 计																							

附单据 张

财务主管　　记账　　出纳　　复核　　制单

记 账 凭 证

年 月 日　　　　　　第 号

摘要	总账科目	明细科目	借方金额										贷方金额										记账
			千	百	十	万	千	百	十	元	角	分	千	百	十	万	千	百	十	元	角	分	
合 计																							

附单据 张

财务主管　　记账　　出纳　　复核　　制单

记账凭证

年　　月　　日　　　　　　　　　　　　第　　号

摘要	总账科目	明细科目	借方金额										贷方金额										记账
			千	百	十	万	千	百	十	元	角	分	千	百	十	万	千	百	十	元	角	分	
合计																							

附单据　　张

财务主管　　　记账　　　出纳　　　复核　　　制单

记账凭证

年　　月　　日　　　　　　　　　　　　第　　号

摘要	总账科目	明细科目	借方金额										贷方金额										记账
			千	百	十	万	千	百	十	元	角	分	千	百	十	万	千	百	十	元	角	分	
合计																							

附单据　　张

财务主管　　　记账　　　出纳　　　复核　　　制单

记 账 凭 证

年 月 日　　　　第 号

摘要	总账科目	明细科目	借方金额										贷方金额										记账
			千	百	十	万	千	百	十	元	角	分	千	百	十	万	千	百	十	元	角	分	
合 计																							

附单据 张

财务主管　　记账　　出纳　　复核　　制单

记 账 凭 证

年 月 日　　　　第 号

摘要	总账科目	明细科目	借方金额										贷方金额										记账
			千	百	十	万	千	百	十	元	角	分	千	百	十	万	千	百	十	元	角	分	
合 计																							

附单据 张

财务主管　　记账　　出纳　　复核　　制单

记 账 凭 证

年　　月　　日　　　　　　　　　　　　　　第　　号

摘要	总账科目	明细科目	借方金额										贷方金额										记账
			千	百	十	万	千	百	十	元	角	分	千	百	十	万	千	百	十	元	角	分	
合 计																							

附单据　　张

财务主管　　　　记账　　　　出纳　　　　复核　　　　制单

记 账 凭 证

年　　月　　日　　　　　　　　　　　　　　第　　号

摘要	总账科目	明细科目	借方金额										贷方金额										记账
			千	百	十	万	千	百	十	元	角	分	千	百	十	万	千	百	十	元	角	分	
合 计																							

附单据　　张

财务主管　　　　记账　　　　出纳　　　　复核　　　　制单

记　账　凭　证

年　　月　　日　　　　　　　　　　第　　号

摘要	总账科目	明细科目	借方金额										贷方金额										记账
			千	百	十	万	千	百	十	元	角	分	千	百	十	万	千	百	十	元	角	分	
合　计																							

附单据　　张

财务主管　　　　记账　　　　出纳　　　　复核　　　　制单

记　账　凭　证

年　　月　　日　　　　　　　　　　第　　号

摘要	总账科目	明细科目	借方金额										贷方金额										记账
			千	百	十	万	千	百	十	元	角	分	千	百	十	万	千	百	十	元	角	分	
合　计																							

附单据　　张

财务主管　　　　记账　　　　出纳　　　　复核　　　　制单

记 账 凭 证

年 月 日　　　　　　　　　　第 号

摘要	总账科目	明细科目	借方金额										贷方金额										记账
			千	百	十	万	千	百	十	元	角	分	千	百	十	万	千	百	十	元	角	分	
合 计																							

附单据 张

财务主管　　记账　　出纳　　复核　　制单

记 账 凭 证

年 月 日　　　　　　　　　　第 号

摘要	总账科目	明细科目	借方金额										贷方金额										记账
			千	百	十	万	千	百	十	元	角	分	千	百	十	万	千	百	十	元	角	分	
合 计																							

附单据 张

财务主管　　记账　　出纳　　复核　　制单

记 账 凭 证

年　　月　　日　　　　　　　　　　　　第　　号

摘要	总账科目	明细科目	借方金额										贷方金额										记账
			千	百	十	万	千	百	十	元	角	分	千	百	十	万	千	百	十	元	角	分	
合 计																							

附单据　　张

财务主管　　　　记账　　　　出纳　　　　复核　　　　制单

记 账 凭 证

年　　月　　日　　　　　　　　　　　　第　　号

摘要	总账科目	明细科目	借方金额										贷方金额										记账
			千	百	十	万	千	百	十	元	角	分	千	百	十	万	千	百	十	元	角	分	
合 计																							

附单据　　张

财务主管　　　　记账　　　　出纳　　　　复核　　　　制单

记 账 凭 证

年　月　日　　　　　　第　号

摘要	总账科目	明细科目	借方金额										贷方金额										记账
			千	百	十	万	千	百	十	元	角	分	千	百	十	万	千	百	十	元	角	分	
合计																							

附单据　张

财务主管　　记账　　出纳　　复核　　制单

记 账 凭 证

年　月　日　　　　　　第　号

摘要	总账科目	明细科目	借方金额										贷方金额										记账
			千	百	十	万	千	百	十	元	角	分	千	百	十	万	千	百	十	元	角	分	
合计																							

附单据　张

财务主管　　记账　　出纳　　复核　　制单

记 账 凭 证

年 月 日 第 号

摘要	总账科目	明细科目	借方金额										贷方金额										记账
			千	百	十	万	千	百	十	元	角	分	千	百	十	万	千	百	十	元	角	分	
合 计																							

附单据 张

财务主管 记账 出纳 复核 制单

记 账 凭 证

年 月 日 第 号

摘要	总账科目	明细科目	借方金额										贷方金额										记账
			千	百	十	万	千	百	十	元	角	分	千	百	十	万	千	百	十	元	角	分	
合 计																							

附单据 张

财务主管 记账 出纳 复核 制单

记 账 凭 证

年 月 日 第 号

摘要	总账科目	明细科目	借方金额										贷方金额										记账
			千	百	十	万	千	百	十	元	角	分	千	百	十	万	千	百	十	元	角	分	
合 计																							

附单据 张

财务主管 记账 出纳 复核 制单

记 账 凭 证

年 月 日 第 号

摘要	总账科目	明细科目	借方金额										贷方金额										记账
			千	百	十	万	千	百	十	元	角	分	千	百	十	万	千	百	十	元	角	分	
合 计																							

附单据 张

财务主管 记账 出纳 复核 制单

记 账 凭 证

年 月 日 第 号

摘要	总账科目	明细科目	借方金额										贷方金额										记账
			千	百	十	万	千	百	十	元	角	分	千	百	十	万	千	百	十	元	角	分	
合 计																							

附单据 张

财务主管 记账 出纳 复核 制单

记 账 凭 证

年 月 日 第 号

摘要	总账科目	明细科目	借方金额										贷方金额										记账
			千	百	十	万	千	百	十	元	角	分	千	百	十	万	千	百	十	元	角	分	
合 计																							

附单据 张

财务主管 记账 出纳 复核 制单

记 账 凭 证

年 月 日 第 号

摘要	总账科目	明细科目	借方金额										贷方金额										记账
			千	百	十	万	千	百	十	元	角	分	千	百	十	万	千	百	十	元	角	分	
合 计																							

附单据 张

财务主管 记账 出纳 复核 制单

记 账 凭 证

年 月 日 第 号

摘要	总账科目	明细科目	借方金额										贷方金额										记账
			千	百	十	万	千	百	十	元	角	分	千	百	十	万	千	百	十	元	角	分	
合 计																							

附单据 张

财务主管 记账 出纳 复核 制单

记 账 凭 证

年 月 日　　　　　　　　　　第 号

摘要	总账科目	明细科目	借方金额										贷方金额										记账
			千	百	十	万	千	百	十	元	角	分	千	百	十	万	千	百	十	元	角	分	
合 计																							

附单据 张

财务主管　　记账　　出纳　　复核　　制单

记 账 凭 证

年 月 日　　　　　　　　　　第 号

摘要	总账科目	明细科目	借方金额										贷方金额										记账
			千	百	十	万	千	百	十	元	角	分	千	百	十	万	千	百	十	元	角	分	
合 计																							

附单据 张

财务主管　　记账　　出纳　　复核　　制单

记 账 凭 证

年 月 日 第 号

摘要	总账科目	明细科目	借方金额										贷方金额										记账
			千	百	十	万	千	百	十	元	角	分	千	百	十	万	千	百	十	元	角	分	
合 计																							

附单据 张

财务主管 记账 出纳 复核 制单

记 账 凭 证

年 月 日 第 号

摘要	总账科目	明细科目	借方金额										贷方金额										记账
			千	百	十	万	千	百	十	元	角	分	千	百	十	万	千	百	十	元	角	分	
合 计																							

附单据 张

财务主管 记账 出纳 复核 制单

记 账 凭 证

年 月 日　　　　　　　　第 号

摘要	总账科目	明细科目	借方金额										贷方金额										记账
			千	百	十	万	千	百	十	元	角	分	千	百	十	万	千	百	十	元	角	分	
合 计																							

附单据 张

财务主管　　记账　　出纳　　复核　　制单

记 账 凭 证

年 月 日　　　　　　　　第 号

摘要	总账科目	明细科目	借方金额										贷方金额										记账
			千	百	十	万	千	百	十	元	角	分	千	百	十	万	千	百	十	元	角	分	
合 计																							

附单据 张

财务主管　　记账　　出纳　　复核　　制单

记 账 凭 证

年　　月　　日　　　　　　　　第　　号

摘要	总账科目	明细科目	借方金额										贷方金额										记账
			千	百	十	万	千	百	十	元	角	分	千	百	十	万	千	百	十	元	角	分	
合　计																							

附单据　　张

财务主管　　记账　　出纳　　复核　　制单

记 账 凭 证

年　　月　　日　　　　　　　　第　　号

摘要	总账科目	明细科目	借方金额										贷方金额										记账
			千	百	十	万	千	百	十	元	角	分	千	百	十	万	千	百	十	元	角	分	
合　计																							

附单据　　张

财务主管　　记账　　出纳　　复核　　制单

记 账 凭 证

年 月 日 第 号

摘要	总账科目	明细科目	借方金额										贷方金额										记账
			千	百	十	万	千	百	十	元	角	分	千	百	十	万	千	百	十	元	角	分	
合 计																							

附单据 张

财务主管 记账 出纳 复核 制单

记 账 凭 证

年 月 日 第 号

摘要	总账科目	明细科目	借方金额										贷方金额										记账
			千	百	十	万	千	百	十	元	角	分	千	百	十	万	千	百	十	元	角	分	
合 计																							

附单据 张

财务主管 记账 出纳 复核 制单

记 账 凭 证

年　　月　　日　　　　　　　　　　　　第　　号

摘要	总账科目	明细科目	借方金额										贷方金额										记账
			千	百	十	万	千	百	十	元	角	分	千	百	十	万	千	百	十	元	角	分	
合 计																							

附单据　　张

财务主管　　　记账　　　出纳　　　复核　　　制单

记 账 凭 证

年　　月　　日　　　　　　　　　　　　第　　号

摘要	总账科目	明细科目	借方金额										贷方金额										记账
			千	百	十	万	千	百	十	元	角	分	千	百	十	万	千	百	十	元	角	分	
合 计																							

附单据　　张

财务主管　　　记账　　　出纳　　　复核　　　制单

记 账 凭 证

年 月 日　　　　第 号

摘要	总账科目	明细科目	借方金额										贷方金额										记账
			千	百	十	万	千	百	十	元	角	分	千	百	十	万	千	百	十	元	角	分	
合 计																							

附单据 张

财务主管　　记账　　出纳　　复核　　制单

记 账 凭 证

年 月 日　　　　第 号

摘要	总账科目	明细科目	借方金额										贷方金额										记账
			千	百	十	万	千	百	十	元	角	分	千	百	十	万	千	百	十	元	角	分	
合 计																							

附单据 张

财务主管　　记账　　出纳　　复核　　制单

记账凭证

年　　月　　日　　　　　　　　　　第　　号

摘要	总账科目	明细科目	借方金额										贷方金额										记账
			千	百	十	万	千	百	十	元	角	分	千	百	十	万	千	百	十	元	角	分	
合计																							

附单据　　张

财务主管　　记账　　出纳　　复核　　制单

记账凭证

年　　月　　日　　　　　　　　　　第　　号

摘要	总账科目	明细科目	借方金额										贷方金额										记账
			千	百	十	万	千	百	十	元	角	分	千	百	十	万	千	百	十	元	角	分	
合计																							

附单据　　张

财务主管　　记账　　出纳　　复核　　制单

记 账 凭 证

年 月 日 第 号

摘要	总账科目	明细科目	借方金额										贷方金额										记账
			千	百	十	万	千	百	十	元	角	分	千	百	十	万	千	百	十	元	角	分	
合 计																							

附单据 张

财务主管 记账 出纳 复核 制单

记 账 凭 证

年 月 日 第 号

摘要	总账科目	明细科目	借方金额										贷方金额										记账
			千	百	十	万	千	百	十	元	角	分	千	百	十	万	千	百	十	元	角	分	
合 计																							

附单据 张

财务主管 记账 出纳 复核 制单

记 账 凭 证

年　　月　　日　　　　　　第　　号

摘要	总账科目	明细科目	借方金额										贷方金额										记账
			千	百	十	万	千	百	十	元	角	分	千	百	十	万	千	百	十	元	角	分	
合计																							

附单据　　张

财务主管　　记账　　出纳　　复核　　制单

记 账 凭 证

年　　月　　日　　　　　　第　　号

摘要	总账科目	明细科目	借方金额										贷方金额										记账
			千	百	十	万	千	百	十	元	角	分	千	百	十	万	千	百	十	元	角	分	
合计																							

附单据　　张

财务主管　　记账　　出纳　　复核　　制单

记　账　凭　证

年　　月　　日　　　　　　　　第　　号

摘要	总账科目	明细科目	借方金额										贷方金额										记账
			千	百	十	万	千	百	十	元	角	分	千	百	十	万	千	百	十	元	角	分	
合　计																							

附单据　　张

财务主管　　记账　　出纳　　复核　　制单

记　账　凭　证

年　　月　　日　　　　　　　　第　　号

摘要	总账科目	明细科目	借方金额										贷方金额										记账
			千	百	十	万	千	百	十	元	角	分	千	百	十	万	千	百	十	元	角	分	
合　计																							

附单据　　张

财务主管　　记账　　出纳　　复核　　制单

总账目录

序号	编号	会计科目	起讫页码	序号	编号	会计科目	起讫页码	序号	编号	会计科目	起讫页码
1	1001	库存现金		16	2001	短期借款		31	5001	生产成本	
2	1002	银行存款		17	2201	应付票据		32	5101	制造费用	
3	1012	其他货币资金		18	2202	应付账款		33	6001	主营业务收入	
4	1121	应收票据		19	2205	预收账款		34	6051	其他业务收入	
5	1122	应收账款		20	2211	应付职工薪酬		35	6111	投资收益	
6	1123	预付账款		21	2221	应交税费		36	6301	营业外收入	
7	1231	其他应收款		22	2231	应付股利		37	6401	主营业务成本	
8	1241	坏账准备		23	2232	应付利息		38	6402	其他业务成本	
9	1402	在途物资		24	2241	其他应付款		39	6405	税金及附加	
10	1403	原材料		25	2301	长期借款		40	6601	销售费用	
11	1406	库存商品		26	4001	实收资本		41	6602	管理费用	
12	1601	固定资产		27	4002	资本公积		42	6603	财务费用	
13	1602	累计折旧		28	4101	盈余公积		43	6702	信用减值损失	
14	1606	在建工程		29	4103	本年利润		44	6711	营业外支出	
15	1701	无形资产		30	4104	利润分配		45	6801	所得税费用	

总分类账

总第　　页　　分第　　页

年		凭证		摘要	借方金额										贷方金额										借或贷	余额									
年	月	字	号		千	百	十	万	千	百	十	元	角	分	千	百	十	万	千	百	十	元	角	分		千	百	十	万	千	百	十	元	角	分

总分类账

总第　　页　　分第　　页

年		凭证		摘要	借方金额										贷方金额										借或贷	余额									
年	月	字	号		千	百	十	万	千	百	十	元	角	分	千	百	十	万	千	百	十	元	角	分		千	百	十	万	千	百	十	元	角	分

总分类账

总第　　页　分第　　页

年		凭证		摘要	借方金额										贷方金额										借或贷	余额									
年	月	字	号		千	百	十	万	千	百	十	元	角	分	千	百	十	万	千	百	十	元	角	分		千	百	十	万	千	百	十	元	角	分

总分类账

总第　　页　分第　　页

年		凭证		摘要	借方金额										贷方金额										借或贷	余额									
年	月	字	号		千	百	十	万	千	百	十	元	角	分	千	百	十	万	千	百	十	元	角	分		千	百	十	万	千	百	十	元	角	分

总分类账

总第　　页　　分第　　页

年		凭证		摘要	借方金额										贷方金额										借或贷	余额									
年	月	字	号		千	百	十	万	千	百	十	元	角	分	千	百	十	万	千	百	十	元	角	分		千	百	十	万	千	百	十	元	角	分

总分类账

总第　　页　　分第　　页

年		凭证		摘要	借方金额										贷方金额										借或贷	余额									
年	月	字	号		千	百	十	万	千	百	十	元	角	分	千	百	十	万	千	百	十	元	角	分		千	百	十	万	千	百	十	元	角	分

总分类账

总第　　页　　分第　　页

年		凭证		摘要	借方金额										贷方金额										借或贷	余额									
年	月	字	号		千	百	十	万	千	百	十	元	角	分	千	百	十	万	千	百	十	元	角	分		千	百	十	万	千	百	十	元	角	分

总分类账

总第　　页　　分第　　页

年		凭证		摘要	借方金额										贷方金额										借或贷	余额									
年	月	字	号		千	百	十	万	千	百	十	元	角	分	千	百	十	万	千	百	十	元	角	分		千	百	十	万	千	百	十	元	角	分

总分类账

总第　　页　　分第　　页

年		凭证		摘要	借方金额										贷方金额										借或贷	余额									
年	月	字	号		千	百	十	万	千	百	十	元	角	分	千	百	十	万	千	百	十	元	角	分		千	百	十	万	千	百	十	元	角	分

总分类账

总第　　页　　分第　　页

年		凭证		摘要	借方金额										贷方金额										借或贷	余额									
年	月	字	号		千	百	十	万	千	百	十	元	角	分	千	百	十	万	千	百	十	元	角	分		千	百	十	万	千	百	十	元	角	分

总分类账

总第　　页　　分第　　页

年		凭证		摘要	借方金额										贷方金额										借或贷	余额									
年	月	字	号		千	百	十	万	千	百	十	元	角	分	千	百	十	万	千	百	十	元	角	分		千	百	十	万	千	百	十	元	角	分

总分类账

总第　　页　　分第　　页

年		凭证		摘要	借方金额										贷方金额										借或贷	余额									
年	月	字	号		千	百	十	万	千	百	十	元	角	分	千	百	十	万	千	百	十	元	角	分		千	百	十	万	千	百	十	元	角	分

总 分 类 账

总第　　页　　分第　　页

年		凭证		摘要	借方金额										贷方金额										借或贷	余额									
年	月	字	号		千	百	十	万	千	百	十	元	角	分	千	百	十	万	千	百	十	元	角	分		千	百	十	万	千	百	十	元	角	分

总 分 类 账

总第　　页　　分第　　页

年		凭证		摘要	借方金额										贷方金额										借或贷	余额									
年	月	字	号		千	百	十	万	千	百	十	元	角	分	千	百	十	万	千	百	十	元	角	分		千	百	十	万	千	百	十	元	角	分

总分类账

总第　　页　　分第　　页

年		凭证		摘要	借方金额										贷方金额										借或贷	余额									
年	月	字	号		千	百	十	万	千	百	十	元	角	分	千	百	十	万	千	百	十	元	角	分		千	百	十	万	千	百	十	元	角	分

总分类账

总第　　页　　分第　　页

年		凭证		摘要	借方金额										贷方金额										借或贷	余额									
年	月	字	号		千	百	十	万	千	百	十	元	角	分	千	百	十	万	千	百	十	元	角	分		千	百	十	万	千	百	十	元	角	分

总分类账

总第　　页　　分第　　页

年		凭证		摘要	借方金额										贷方金额										借或贷	余额									
年	月	字	号		千	百	十	万	千	百	十	元	角	分	千	百	十	万	千	百	十	元	角	分		千	百	十	万	千	百	十	元	角	分

总分类账

总第　　页　　分第　　页

年		凭证		摘要	借方金额										贷方金额										借或贷	余额									
年	月	字	号		千	百	十	万	千	百	十	元	角	分	千	百	十	万	千	百	十	元	角	分		千	百	十	万	千	百	十	元	角	分

总分类账

总第　　页　　分第　　页

年		凭证		摘要	借方金额										贷方金额										借或贷	余额									
年	月	字	号		千	百	十	万	千	百	十	元	角	分	千	百	十	万	千	百	十	元	角	分		千	百	十	万	千	百	十	元	角	分

总分类账

总第　　页　　分第　　页

年		凭证		摘要	借方金额										贷方金额										借或贷	余额									
年	月	字	号		千	百	十	万	千	百	十	元	角	分	千	百	十	万	千	百	十	元	角	分		千	百	十	万	千	百	十	元	角	分

总 分 类 账

总第　　页　　分第　　页

年		凭证		摘要	借方金额										贷方金额										借或贷	余额									
年	月	字	号		千	百	十	万	千	百	十	元	角	分	千	百	十	万	千	百	十	元	角	分		千	百	十	万	千	百	十	元	角	分

总 分 类 账

总第　　页　　分第　　页

年		凭证		摘要	借方金额										贷方金额										借或贷	余额									
年	月	字	号		千	百	十	万	千	百	十	元	角	分	千	百	十	万	千	百	十	元	角	分		千	百	十	万	千	百	十	元	角	分

总分类账

总第　　页　　分第　　页

年		凭证		摘要	借方金额										贷方金额										借或贷	余额									
年	月	字	号		千	百	十	万	千	百	十	元	角	分	千	百	十	万	千	百	十	元	角	分		千	百	十	万	千	百	十	元	角	分

总分类账

总第　　页　　分第　　页

年		凭证		摘要	借方金额										贷方金额										借或贷	余额									
年	月	字	号		千	百	十	万	千	百	十	元	角	分	千	百	十	万	千	百	十	元	角	分		千	百	十	万	千	百	十	元	角	分

总 分 类 账

总第 页 分第 页

年		凭证		摘要	借方金额										贷方金额										借或贷	余额									
年	月	字	号		千	百	十	万	千	百	十	元	角	分	千	百	十	万	千	百	十	元	角	分		千	百	十	万	千	百	十	元	角	分

总 分 类 账

总第 页 分第 页

年		凭证		摘要	借方金额										贷方金额										借或贷	余额									
年	月	字	号		千	百	十	万	千	百	十	元	角	分	千	百	十	万	千	百	十	元	角	分		千	百	十	万	千	百	十	元	角	分

总分类账

总第　　页　　分第　　页

年		凭证		摘要	借方金额										贷方金额										借或贷	余额									
年	月	字	号		千	百	十	万	千	百	十	元	角	分	千	百	十	万	千	百	十	元	角	分		千	百	十	万	千	百	十	元	角	分

总分类账

总第　　页　　分第　　页

年		凭证		摘要	借方金额										贷方金额										借或贷	余额									
年	月	字	号		千	百	十	万	千	百	十	元	角	分	千	百	十	万	千	百	十	元	角	分		千	百	十	万	千	百	十	元	角	分

总分类账

总第　　页　　分第　　页

年		凭证		摘要	借方金额										贷方金额										借或贷	余额									
年	月	字	号		千	百	十	万	千	百	十	元	角	分	千	百	十	万	千	百	十	元	角	分		千	百	十	万	千	百	十	元	角	分

总分类账

总第　　页　　分第　　页

年		凭证		摘要	借方金额										贷方金额										借或贷	余额									
年	月	字	号		千	百	十	万	千	百	十	元	角	分	千	百	十	万	千	百	十	元	角	分		千	百	十	万	千	百	十	元	角	分

总分类账

总第　　页　　分第　　页

年		凭证		摘要	借方金额										贷方金额										借或贷	余额									
年	月	字	号		千	百	十	万	千	百	十	元	角	分	千	百	十	万	千	百	十	元	角	分		千	百	十	万	千	百	十	元	角	分

总分类账

总第　　页　　分第　　页

年		凭证		摘要	借方金额										贷方金额										借或贷	余额									
年	月	字	号		千	百	十	万	千	百	十	元	角	分	千	百	十	万	千	百	十	元	角	分		千	百	十	万	千	百	十	元	角	分

总分类账

总第　　页　　分第　　页

年		凭证		摘要	借方金额										贷方金额										借或贷	余额									
年	月	字	号		千	百	十	万	千	百	十	元	角	分	千	百	十	万	千	百	十	元	角	分		千	百	十	万	千	百	十	元	角	分

总分类账

总第　　页　　分第　　页

年		凭证		摘要	借方金额										贷方金额										借或贷	余额									
年	月	字	号		千	百	十	万	千	百	十	元	角	分	千	百	十	万	千	百	十	元	角	分		千	百	十	万	千	百	十	元	角	分

总分类账

总第　　页　　分第　　页

年		凭证		摘要	借方金额										贷方金额										借或贷	余额									
年	月	字	号		千	百	十	万	千	百	十	元	角	分	千	百	十	万	千	百	十	元	角	分		千	百	十	万	千	百	十	元	角	分

总分类账

总第　　页　　分第　　页

年		凭证		摘要	借方金额										贷方金额										借或贷	余额									
年	月	字	号		千	百	十	万	千	百	十	元	角	分	千	百	十	万	千	百	十	元	角	分		千	百	十	万	千	百	十	元	角	分

总分类账

总第　　页　　分第　　页

年		凭证		摘要	借方金额										贷方金额										借或贷	余额									
年	月	字	号		千	百	十	万	千	百	十	元	角	分	千	百	十	万	千	百	十	元	角	分		千	百	十	万	千	百	十	元	角	分

总分类账

总第　　页　　分第　　页

年		凭证		摘要	借方金额										贷方金额										借或贷	余额									
年	月	字	号		千	百	十	万	千	百	十	元	角	分	千	百	十	万	千	百	十	元	角	分		千	百	十	万	千	百	十	元	角	分

总分类账

总第　　页　　分第　　页

年		凭证		摘要	借方金额										贷方金额										借或贷	余额									
年	月	字	号		千	百	十	万	千	百	十	元	角	分	千	百	十	万	千	百	十	元	角	分		千	百	十	万	千	百	十	元	角	分

总分类账

总第　　页　　分第　　页

年		凭证		摘要	借方金额										贷方金额										借或贷	余额									
年	月	字	号		千	百	十	万	千	百	十	元	角	分	千	百	十	万	千	百	十	元	角	分		千	百	十	万	千	百	十	元	角	分

总分类账

总第　　页　　分第　　页

年		凭证		摘要	借方金额										贷方金额										借或贷	余额									
年	月	字	号		千	百	十	万	千	百	十	元	角	分	千	百	十	万	千	百	十	元	角	分		千	百	十	万	千	百	十	元	角	分

总分类账

总第　　页　　分第　　页

年		凭证		摘要	借方金额										贷方金额										借或贷	余额									
年	月	字	号		千	百	十	万	千	百	十	元	角	分	千	百	十	万	千	百	十	元	角	分		千	百	十	万	千	百	十	元	角	分

总 分 类 账

总第　　页　　分第　　页

年		凭证		摘要	借方金额										贷方金额										借或贷	余额									
年	月	字	号		千	百	十	万	千	百	十	元	角	分	千	百	十	万	千	百	十	元	角	分		千	百	十	万	千	百	十	元	角	分

总 分 类 账

总第　　页　　分第　　页

年		凭证		摘要	借方金额										贷方金额										借或贷	余额									
年	月	字	号		千	百	十	万	千	百	十	元	角	分	千	百	十	万	千	百	十	元	角	分		千	百	十	万	千	百	十	元	角	分

总分类账

总第　　页　　分第　　页

年		凭证		摘要	借方金额										贷方金额										借或贷	余额									
年	月	字	号		千	百	十	万	千	百	十	元	角	分	千	百	十	万	千	百	十	元	角	分		千	百	十	万	千	百	十	元	角	分

总分类账

总第　　页　　分第　　页

年		凭证		摘要	借方金额										贷方金额										借或贷	余额									
年	月	字	号		千	百	十	万	千	百	十	元	角	分	千	百	十	万	千	百	十	元	角	分		千	百	十	万	千	百	十	元	角	分

总分类账

总第　　页　　分第　　页

年		凭证		摘要	借方金额										贷方金额										借或贷	余额									
年	月	字	号		千	百	十	万	千	百	十	元	角	分	千	百	十	万	千	百	十	元	角	分		千	百	十	万	千	百	十	元	角	分

总分类账

总第　　页　　分第　　页

年		凭证		摘要	借方金额										贷方金额										借或贷	余额									
年	月	字	号		千	百	十	万	千	百	十	元	角	分	千	百	十	万	千	百	十	元	角	分		千	百	十	万	千	百	十	元	角	分

明细账目录

序号	编号	会计科目	起讫页码	序号	编号	会计科目	起讫页码	序号	编号	会计科目	起讫页码
1	1015	其他货币资金		14	2202	应付账款		27	5101	主营业务收入	
2	1121	应收票据		15	2205	预收账款		28	6001	其他业务收入	
3	1122	应收账款		16	2211	应付职工薪酬		29	6051	营业外收入	
4	1123	预付账款		17	2221	应交税费		30	6301	主营业务成本	
5	1231	其他应收款		18	2231	应付股利		31	6401	其他业务成本	
6	1402	在途物资		19	2232	应付利息		32	6402	税金及附加	
7	1403	原材料		20	2241	其他应付款		33	6405	销售费用	
8	1406	库存商品		21	2601	长期借款		34	6601	管理费用	
9	1601	固定资产		22	4001	实收资本		35	6602	财务费用	
10	1602	累计折旧		23	4002	盈余公积		36	6603	营业外支出	
11	1606	在建工程		24	4101	利润分配					
12	2001	短期借款		25	4104	生产成本					
13	2201	应付票据		26	5001	制造费用					

库存现金　日记账

第　页

年		凭证字号	摘要	对方科目	√	借方										贷方										余额									
月	日					千	百	十	万	千	百	十	元	角	分	千	百	十	万	千	百	十	元	角	分	千	百	十	万	千	百	十	元	角	分

银行存款　日记账

年		凭证字号	摘要	对方科目	√	借方										贷方										余额									
月	日					千	百	十	万	千	百	十	元	角	分	千	百	十	万	千	百	十	元	角	分	千	百	十	万	千	百	十	元	角	分
12	1		期初余额																								1	2	6	5	0	0	0	0	0
12	1	记字1号	收取销售款	主营业务收笔记、应交税费			2	3	7	3	0	0	0	0	0																				

银行存款 日记账

第 页

年		凭证字号	摘要	对方科目	√	借方										贷方										余额									
月	日					千	百	十	万	千	百	十	元	角	分	千	百	十	万	千	百	十	元	角	分	千	百	十	万	千	百	十	元	角	分

银行存款　日记账

第　页

年		凭证字号	摘　要	对方科目	√	借　方										贷　方										余　额									
月	日					千	百	十	万	千	百	十	元	角	分	千	百	十	万	千	百	十	元	角	分	千	百	十	万	千	百	十	元	角	分

明细账

本账页数＿＿＿＿＿＿

本户页数＿＿＿＿＿＿

科目

年		凭证字号	摘　要	对方科目	页数	借　方										贷　方										借或贷	余　额
月	日					千	百	十	万	千	百	十	元	角	分	千	百	十	万	千	百	十	元	角	分		

明细账

本账页数________

本户页数________

科目

年		凭证字号	摘要	对方科目	页数	借方										贷方										借或贷	余额
月	日					千	百	十	万	千	百	十	元	角	分	千	百	十	万	千	百	十	元	角	分		

明细账

本账页数______

本户页数______

科目

年		凭证字号	摘要	对方科目	页数	借方										贷方										借或贷	余额
月	日					千	百	十	万	千	百	十	元	角	分	千	百	十	万	千	百	十	元	角	分		

明细账

本账页数____________

本户页数____________

科目

年		凭证字号	摘要	对方科目	页数	借方										贷方										借或贷	余额
月	日					千	百	十	万	千	百	十	元	角	分	千	百	十	万	千	百	十	元	角	分		

明细账

本账页数______
本户页数______
科目

年		凭证字号	摘要	对方科目	页数	借方										贷方										借或贷	余额
月	日					千	百	十	万	千	百	十	元	角	分	千	百	十	万	千	百	十	元	角	分		

明细账

本账页数________

本户页数________

科目

年		凭证字号	摘　要	对方科目	页数	借　方										贷　方										借或贷	余　额
月	日					千	百	十	万	千	百	十	元	角	分	千	百	十	万	千	百	十	元	角	分		

明细账

本账页数________

本户页数________

科目

年		凭证字号	摘要	对方科目	页数	借方										贷方										借或贷	余额
月	日					千	百	十	万	千	百	十	元	角	分	千	百	十	万	千	百	十	元	角	分		

明细账

本账页数＿＿＿＿＿＿

本户页数＿＿＿＿＿＿

科目

年		凭证字号	摘　要	对方科目	页数	借　方										贷　方										借或贷	余　额
月	日					千	百	十	万	千	百	十	元	角	分	千	百	十	万	千	百	十	元	角	分		

明细账

本账页数＿＿＿＿＿＿
本户页数＿＿＿＿＿＿
科目

年		凭证字号	摘　要	对方科目	页数	借　方										贷　方										借或贷	余　额
月	日					千	百	十	万	千	百	十	元	角	分	千	百	十	万	千	百	十	元	角	分		

明细账

本账页数______
本户页数______
科目

年		凭证字号	摘要	对方科目	页数	借方										贷方										借或贷	余额
月	日					千	百	十	万	千	百	十	元	角	分	千	百	十	万	千	百	十	元	角	分		

明细账

本账页数____________

本户页数____________

科目

年		凭证字号	摘要	对方科目	页数	借方										贷方										借或贷	余额
月	日					千	百	十	万	千	百	十	元	角	分	千	百	十	万	千	百	十	元	角	分		

明细账

本账页数______

本户页数______

科目

年		凭证字号	摘要	对方科目	页数	借方										贷方										借或贷	余额
月	日					千	百	十	万	千	百	十	元	角	分	千	百	十	万	千	百	十	元	角	分		

明细账

本账页数______

本户页数______

科目

年		凭证字号	摘要	对方科目	页数	借方										贷方										借或贷	余额
月	日					千	百	十	万	千	百	十	元	角	分	千	百	十	万	千	百	十	元	角	分		

明细账

本账页数____________

本户页数____________

科目

年		凭证字号	摘　要	对方科目	页数	借　方										贷　方										借或贷	余　额
月	日					千	百	十	万	千	百	十	元	角	分	千	百	十	万	千	百	十	元	角	分		

明细账

本账页数______

本户页数______

科目

年		凭证字号	摘要	对方科目	页数	借方										贷方										借或贷	余额
月	日					千	百	十	万	千	百	十	元	角	分	千	百	十	万	千	百	十	元	角	分		

明细账

本账页数________

本户页数________

科目

年		凭证字号	摘要	对方科目	页数	借方										贷方										借或贷	余额
月	日					千	百	十	万	千	百	十	元	角	分	千	百	十	万	千	百	十	元	角	分		

明细账

本账页数＿＿＿＿＿

本户页数＿＿＿＿＿

科目

年		凭证字号	摘　要	对方科目	页数	借　方										贷　方										借或贷	余　额
月	日					千	百	十	万	千	百	十	元	角	分	千	百	十	万	千	百	十	元	角	分		

明细账

本账页数________

本户页数________

科目

年		凭证字号	摘要	对方科目	页数	借方										贷方										借或贷	余额
月	日					千	百	十	万	千	百	十	元	角	分	千	百	十	万	千	百	十	元	角	分		

明细账

本账页数________

本户页数________

科目

年		凭证字号	摘要	对方科目	页数	借方										贷方										借或贷	余额
月	日					千	百	十	万	千	百	十	元	角	分	千	百	十	万	千	百	十	元	角	分		

明细账

本账页数＿＿＿＿＿＿

本户页数＿＿＿＿＿＿

科目

年		凭证字号	摘要	对方科目	页数	借方										贷方										借或贷	余额
月	日					千	百	十	万	千	百	十	元	角	分	千	百	十	万	千	百	十	元	角	分		

明细账

本账页数＿＿＿＿＿＿

本户页数＿＿＿＿＿＿

科目

年		凭证字号	摘　要	对方科目	页数	借　方										贷　方										借或贷	余　额
月	日					千	百	十	万	千	百	十	元	角	分	千	百	十	万	千	百	十	元	角	分		

明细账

本账页数________

本户页数________

科目

年		凭证字号	摘要	对方科目	页数	借方										贷方										借或贷	余额
月	日					千	百	十	万	千	百	十	元	角	分	千	百	十	万	千	百	十	元	角	分		

明细账

本账页数________

本户页数________

科目

年		凭证字号	摘要	对方科目	页数	借方										贷方										借或贷	余额
月	日					千	百	十	万	千	百	十	元	角	分	千	百	十	万	千	百	十	元	角	分		

明细账

本账页数________

本户页数________

科目

年		凭证字号	摘要	对方科目	页数	借方										贷方										借或贷	余额
月	日					千	百	十	万	千	百	十	元	角	分	千	百	十	万	千	百	十	元	角	分		

明细账

本账页数＿＿＿＿＿

本户页数＿＿＿＿＿

科目

年		凭证字号	摘要	对方科目	页数	借方										贷方										借或贷	余额
月	日					千	百	十	万	千	百	十	元	角	分	千	百	十	万	千	百	十	元	角	分		

明细账

本账页数__________

本户页数__________

科目

年		凭证字号	摘要	对方科目	页数	借方										贷方										借或贷	余额
月	日					千	百	十	万	千	百	十	元	角	分	千	百	十	万	千	百	十	元	角	分		

明细账

本账页数______

本户页数______

科目

年		凭证字号	摘要	对方科目	页数	借方										贷方										借或贷	余额
月	日					千	百	十	万	千	百	十	元	角	分	千	百	十	万	千	百	十	元	角	分		

明细账

本账页数______

本户页数______

科目

年		凭证字号	摘要	对方科目	页数	借方										贷方										借或贷	余额
月	日					千	百	十	万	千	百	十	元	角	分	千	百	十	万	千	百	十	元	角	分		

明细账

本账页数______

本户页数______

科目

年		凭证字号	摘要	对方科目	页数	借方										贷方										借或贷	余额
月	日					千	百	十	万	千	百	十	元	角	分	千	百	十	万	千	百	十	元	角	分		

明细账

本账页数______

本户页数______

科目

年		凭证字号	摘要	对方科目	页数	借方										贷方										借或贷	余额
月	日					千	百	十	万	千	百	十	元	角	分	千	百	十	万	千	百	十	元	角	分		

明细账

本账页数____________

本户页数____________

科目

年		凭证字号	摘要	对方科目	页数	借方										贷方										借或贷	余额
月	日					千	百	十	万	千	百	十	元	角	分	千	百	十	万	千	百	十	元	角	分		

明细账

本账页数________

本户页数________

科目

年		凭证字号	摘要	对方科目	页数	借方										贷方										借或贷	余额
月	日					千	百	十	万	千	百	十	元	角	分	千	百	十	万	千	百	十	元	角	分		

明细账

本账页数________

本户页数________

科目

年		凭证字号	摘 要	对方科目	页数	借 方										贷 方										借或贷	余 额
月	日					千	百	十	万	千	百	十	元	角	分	千	百	十	万	千	百	十	元	角	分		

明细账

本账页数______

本户页数______

科目

年		凭证字号	摘要	对方科目	页数	借方										贷方										借或贷	余额
月	日					千	百	十	万	千	百	十	元	角	分	千	百	十	万	千	百	十	元	角	分		

明细账

本账页数________

本户页数________

科目

年		凭证字号	摘 要	对方科目	页数	借 方										贷 方										借或贷	余 额
月	日					千	百	十	万	千	百	十	元	角	分	千	百	十	万	千	百	十	元	角	分		

明细账

本账页数______
本户页数______
科目

年		凭证字号	摘要	对方科目	页数	借方										贷方										借或贷	余额
月	日					千	百	十	万	千	百	十	元	角	分	千	百	十	万	千	百	十	元	角	分		

明细账

本账页数________

本户页数________

科目

年		凭证字号	摘要	对方科目	页数	借方										贷方										借或贷	余额
月	日					千	百	十	万	千	百	十	元	角	分	千	百	十	万	千	百	十	元	角	分		

明细账

本账页数________

本户页数________

科目

年		凭证字号	摘要	对方科目	页数	借方										贷方										借或贷	余额
月	日					千	百	十	万	千	百	十	元	角	分	千	百	十	万	千	百	十	元	角	分		

明细账

本账页数＿＿＿＿＿

本户页数＿＿＿＿＿

科目

年		凭证字号	摘要	对方科目	页数	借方										贷方										借或贷	余额
月	日					千	百	十	万	千	百	十	元	角	分	千	百	十	万	千	百	十	元	角	分		

明细账

本账页数________

本户页数________

科目

年		凭证字号	摘　要	对方科目	页数	借　方										贷　方										借或贷	余　额
月	日					千	百	十	万	千	百	十	元	角	分	千	百	十	万	千	百	十	元	角	分		

明细账

本账页数____________
本户页数____________
科目

年		凭证字号	摘要	对方科目	页数	借方										贷方										借或贷	余额
月	日					千	百	十	万	千	百	十	元	角	分	千	百	十	万	千	百	十	元	角	分		

明细账

本账页数______

本户页数______

科目

年		凭证字号	摘要	对方科目	页数	借方										贷方										借或贷	余额
月	日					千	百	十	万	千	百	十	元	角	分	千	百	十	万	千	百	十	元	角	分		

明细账

本账页数＿＿＿＿＿＿

本户页数＿＿＿＿＿＿

科目

年		凭证字号	摘要	对方科目	页数	借方										贷方										借或贷	余额
月	日					千	百	十	万	千	百	十	元	角	分	千	百	十	万	千	百	十	元	角	分		

明细账

本账页数________

本户页数________

科目

年		凭证字号	摘要	对方科目	页数	借方										贷方										借或贷	余额
月	日					千	百	十	万	千	百	十	元	角	分	千	百	十	万	千	百	十	元	角	分		

明细账

本账页数________

本户页数________

科目

年		凭证字号	摘　要	对方科目	页数	借　方										贷　方										借或贷	余　额
月	日					千	百	十	万	千	百	十	元	角	分	千	百	十	万	千	百	十	元	角	分		

明细账

本账页数______

本户页数______

科目

年		凭证字号	摘　要	对方科目	页数	借　方										贷　方										借或贷	余　额
月	日					千	百	十	万	千	百	十	元	角	分	千	百	十	万	千	百	十	元	角	分		

明细账

本账页数________

本户页数________

科目

年		凭证字号	摘要	对方科目	页数	借方										贷方										借或贷	余额
月	日					千	百	十	万	千	百	十	元	角	分	千	百	十	万	千	百	十	元	角	分		

明细账

本账页数________

本户页数________

科目

年		凭证字号	摘要	对方科目	页数	借方										贷方										借或贷	余额
月	日					千	百	十	万	千	百	十	元	角	分	千	百	十	万	千	百	十	元	角	分		

明细账

本账页数______
本户页数______
科目

年		凭证字号	摘要	对方科目	页数	借方										贷方										借或贷	余额
月	日					千	百	十	万	千	百	十	元	角	分	千	百	十	万	千	百	十	元	角	分		

明细账

本账页数________
本户页数________
科目

年		凭证字号	摘要	对方科目	页数	借方										贷方										借或贷	余额
月	日					千	百	十	万	千	百	十	元	角	分	千	百	十	万	千	百	十	元	角	分		

明细账

本账页数______
本户页数______
科目

年		凭证字号	摘要	对方科目	页数	借方										贷方										借或贷	余额
月	日					千	百	十	万	千	百	十	元	角	分	千	百	十	万	千	百	十	元	角	分		

明细账

本账页数______
本户页数______
科目

年		凭证字号	摘要	对方科目	页数	借方										贷方										借或贷	余额
月	日					千	百	十	万	千	百	十	元	角	分	千	百	十	万	千	百	十	元	角	分		

明细账

本账页数____________

本户页数____________

科目

年		凭证字号	摘要	对方科目	页数	借方										贷方										借或贷	余额
月	日					千	百	十	万	千	百	十	元	角	分	千	百	十	万	千	百	十	元	角	分		

明细账

本账页数＿＿＿＿＿＿

本户页数＿＿＿＿＿＿

科目

年		凭证字号	摘要	对方科目	页数	借方										贷方										借或贷	余额
月	日					千	百	十	万	千	百	十	元	角	分	千	百	十	万	千	百	十	元	角	分		

生产成本　明细账

总页次________
分页次________

二级科目名称：________

年		凭证字号	摘要	借方										成本项目					
月	日			千	百	十	万	千	百	十	元	角	分	直接材料	直接人工	制造费用			

生产成本 明细账

总页次________
分页次________

二级科目名称：

年		凭证字号	摘要	借方										成本项目					
月	日			千	百	十	万	千	百	十	元	角	分	直接材料	直接人工	制造费用			

明细账

总页次________

分页次________

年		凭证字号	摘要	借方										借方发生额分析					
月	日			千	百	十	万	千	百	十	元	角	分						

明细账

总页次________
分页次________

年		凭证字号	摘要	借方										借方发生额分析					
月	日			千	百	十	万	千	百	十	元	角	分						

明细账

总页次________

分页次________

年		凭证字号	摘要	借方										借方发生额分析					
月	日			千	百	十	万	千	百	十	元	角	分						

明细账

总页次________
分页次________

年		凭证字号	摘要	借方										借方发生额分析					
月	日			千	百	十	万	千	百	十	元	角	分						

明细账

总页次________

分页次________

年		凭证字号	摘要	借方										借方发生额分析					
月	日			千	百	十	万	千	百	十	元	角	分						

明细账

总页次________
分页次________

年		凭证字号	摘要	借方										借方发生额分析					
月	日			千	百	十	万	千	百	十	元	角	分						

应交税费——应交增值税 明细账

总页次________
分页次________

年		凭证字号	摘要	借方发生额				贷方发生额			借或贷	余额
月	日			进项税额	已交税金	转出未交增值税	合计	销项税额	转出多交增值税	合计		

应交税费——应交增值税　明细账

总页次________
分页次________

年		凭证字号	摘　要	借方发生额				贷方发生额			借或贷	余额
月	日			进项税额	已交税金	转出未交增值税	合计	销项税额	转出多交增值税	合计		

明细账

总页

类别　　品名　　规格　　计量单位　　存放地点　　分页

年		凭证字号	摘要	借方												贷方												余额											
				数量	单价	金额										数量	单价	金额										数量	单价	金额									
月	日					千	百	十	万	千	百	十	元	角	分			千	百	十	万	千	百	十	元	角	分			千	百	十	万	千	百	十	元	角	分

明细账

总页 ………

类别 ……… 品名 ……… 规格 ……… 计量单位 ……… 存放地点 ……… 分页 ………

年		凭证字号	摘要	借方												贷方												余额											
月	日			数量	单价	金额										数量	单价	金额										数量	单价	金额									
						千	百	十	万	千	百	十	元	角	分			千	百	十	万	千	百	十	元	角	分			千	百	十	万	千	百	十	元	角	分

明细账

总页……

类别…… 品名…… 规格…… 计量单位…… 存放地点…… 分页……

年		凭证字号	摘要	借方												贷方												余额											
				数量	单价	金额										数量	单价	金额										数量	单价	金额									
月	日					千	百	十	万	千	百	十	元	角	分			千	百	十	万	千	百	十	元	角	分			千	百	十	万	千	百	十	元	角	分

明细账

总页

类别　　品名　　规格　　计量单位　　存放地点　　分页

年		凭证字号	摘要	借方												贷方												余额											
月	日			数量	单价	金额										数量	单价	金额										数量	单价	金额									
						千	百	十	万	千	百	十	元	角	分			千	百	十	万	千	百	十	元	角	分			千	百	十	万	千	百	十	元	角	分

明细账

总页 ……………

类别 …………… 品名 …………… 规格 …………… 计量单位 …………… 存放地点 …………… 分页 ……………

年		凭证字号	摘要	借方												贷方												余额											
月	日			数量	单价	金额										数量	单价	金额										数量	单价	金额									
						千	百	十	万	千	百	十	元	角	分			千	百	十	万	千	百	十	元	角	分			千	百	十	万	千	百	十	元	角	分

明细账

总页……

类别…… 品名…… 规格…… 计量单位…… 存放地点…… 分页……

年		凭证字号	摘要	借方												贷方												余额											
月	日			数量	单价	金额										数量	单价	金额										数量	单价	金额									
						千	百	十	万	千	百	十	元	角	分			千	百	十	万	千	百	十	元	角	分			千	百	十	万	千	百	十	元	角	分

明细账

总页

类别　　品名　　规格　　计量单位　　存放地点　　分页

年		凭证字号	摘要	借方												贷方												余额											
月	日			数量	单价	金额										数量	单价	金额										数量	单价	金额									
						千	百	十	万	千	百	十	元	角	分			千	百	十	万	千	百	十	元	角	分			千	百	十	万	千	百	十	元	角	分

明细账

总页 ……

类别 …… 品名 …… 规格 …… 计量单位 …… 存放地点 …… 分页 ……

年		凭证字号	摘要	借方												贷方												余额											
				数量	单价	金额										数量	单价	金额										数量	单价	金额									
月	日					千	百	十	万	千	百	十	元	角	分			千	百	十	万	千	百	十	元	角	分			千	百	十	万	千	百	十	元	角	分

明细账

总页

类别　　品名　　规格　　计量单位　　存放地点　　分页

年		凭证字号	摘要	借方												贷方												余额											
月	日			数量	单价	金额										数量	单价	金额										数量	单价	金额									
						千	百	十	万	千	百	十	元	角	分			千	百	十	万	千	百	十	元	角	分			千	百	十	万	千	百	十	元	角	分

明细账

总页 ________

类别 ________ 品名 ________ 规格 ________ 计量单位 ________ 存放地点 ________ 分页 ________

年		凭证字号	摘要	借方												贷方												余额											
月	日			数量	单价	金额										数量	单价	金额										数量	单价	金额									
						千	百	十	万	千	百	十	元	角	分			千	百	十	万	千	百	十	元	角	分			千	百	十	万	千	百	十	元	角	分

3. 科目汇总表

科目汇总表

年　月　日　　　　汇字　号

会计科目	本期发生额(1—15日)		总账
	借方	贷方	备注
库存现金			
银行存款			
其他货币资金			
应收票据			
应收账款			
预付账款			
其他应收款			
坏账准备			
在途物资			
原材料			
库存商品			
固定资产			
累计折旧			
在建工程			
无形资产			
短期借款			
应付票据			
应付账款			
预收账款			
应付职工薪酬			
应交税费			
其他应付款			
应付利息			
应付股利			
长期借款			
实收资本			
资本公积			
盈余公积			
本年利润			
利润分配			
生产成本			
制造费用			
主营业务收入			
其他业务收入			
营业外收入			
主营业务成本			
其他业务成本			
税金及附加			
销售费用			
管理费用			
财务费用			
投资收益			
信用减值损失			
营业外支出			
所得税费用			
合计			

附记账凭证　张　　自第　号起至第　号止

会计主管　　复核　　记账　　制证

科目汇总表

年　　月　　日　　　　汇字　　号

会计科目	本期发生额（16—31 日）		总账
	借方	贷方	备注
库存现金			
银行存款			
其他货币资金			
应收票据			
应收账款			
预付账款			
其他应收款			
坏账准备			
在途物资			
原材料			
库存商品			
固定资产			
累计折旧			
在建工程			
无形资产			
短期借款			
应付票据			
应付账款			
预收账款			
应付职工薪酬			
应交税费			
其他应付款			
应付利息			
应付股利			
长期借款			
实收资本			
资本公积			
盈余公积			
本年利润			
利润分配			
生产成本			
制造费用			
主营业务收入			
其他业务收入			
营业外收入			
主营业务成本			
其他业务成本			
税金及附加			
销售费用			
管理费用			
财务费用			
投资收益			
信用减值损失			
营业外支出			
所得税费用			
合计			

附记账凭证　　张　　　　自第　　号起至第　　号止

会计主管　　　　复核　　　　记账　　　　制证

4. 试算平衡表

试算平衡表

年　　月　　日　　　　　　　　　　　　　　　　单位：元

总账科目	期初余额		本期发生额		期末余额	
	借方余额	贷方余额	借方金额	贷方金额	借方余额	贷方余额
库存现金						
银行存款						
其他货币资金						
应收票据						
应收账款						
预付账款						
其他应收款						
坏账准备						
在途物资						
原材料						
库存商品						
固定资产						
累计折旧						
在建工程						
无形资产						
短期借款						
应付票据						
应付账款						
预收账款						
应付职工薪酬						
应交税费						
其他应付款						

续表

总账科目	期初余额		本期发生额		期末余额	
	借方余额	贷方余额	借方金额	贷方金额	借方余额	贷方余额
应付利息						
应付股利						
长期借款						
实收资本						
资本公积						
盈余公积						
本年利润						
利润分配						
生产成本						
制造费用						
主营业务收入						
其他业务收入						
营业外收入						
主营业务成本						
其他业务成本						
税金及附加						
销售费用						
管理费用						
财务费用						
投资收益						
信用减值损失						
营业外支出						
所得税费用						
合　计						

5. 会计报表

资产负债表

会企 01 表

编制单位：(盖章)　　　　年　　月　　日　　　　单位：元

资产	年初余额	期末余额	负债和所有者权益	年初余额	期末余额
流动资产			流动负债		
货币资金			短期借款		
交易性金融资产			交易性金融负债		
衍生金融资产			衍生金融负债		
应收票据			应付票据		
应收账款			应付账款		
应收款项融资			预收款项		
预付款项			合同负债		
其他应收款			应付职工薪酬		
其中：应收利息			应交税费		
应收股利			其他应付款		
存货			其中：应付利息		
合同资产			应付股利		
持有待售的资产			划分为持有待售的负债		
一年内到期的非流动资产			一年内到期的非流动负债		
其他流动资产			其他流动负债		
流动资产合计			流动负债合计		
非流动资产：			非流动负债：		
债权投资			长期借款		
其他债权投资			应付债券		
长期应收款			长期应付款		
长期股权投资			递延所得税负债		
其他权益工具投资			递延收益——非流动负债		
其他非流动金融资产			其他非流动负债		
投资性房地产			非流动负债合计		
固定资产			负债合计		
在建工程			所有者权益		
生产性生物资产			实收资本(或股本)		
油气资产			其他权益工具		
无形资产			其中：优先股		
开发支出			永续债		
商誉			资本公积		
长期待摊费用			其他综合收益		
递延所得税资产			专项储备		
其他非流动资产			盈余公积		
非流动资产合计			未分配利润		
			股东权益合计		
资产合计			负债和股东权益总计		

利　润　表

会企 02 表

编制单位：（盖章）　　年　月　日　　单位：元

项目	本期金额	本年累计金额
一、营业收入		
减：营业成本		
税金及附加		
销售费用		
管理费用		
研发费用		
财务费用		
其中：利息费用		
利息收入		
加：其他收益		
投资收益（损失以“－”号填列）		
其中：对联营企业和合营企业的投资收益		
以摊余成本计量的金融资产终止确认收益（损失以“－”号填列）		
公允价值变动收益（损失以“－”号填列）		
信用减值损失（损失以“－”号填列）		
资产减值损失（损失以“－”号填列）		
资产处置收益（损失以“－”号填列）		
二、营业利润		
加：营业外收入		
减：营业外支出		
三、利润总额		
减：所得税费用		
四、净利润		
（一）持续经营净利润（损失以“－”号填列）		
（二）终止经营净利润（损失以“－”号填列）		
五、其他综合收益的税后净额		
（一）以后不能重分类进损益的其他综合收益		
（二）以后将重分类进损益的其他综合收益		
六、综合收益总额		
七、每股收益		
（一）基本每股收益		
（二）稀释每股收益		

反盗版举报电话 (010)58581999　58582371　58582488
反盗版举报传真 (010)82086060
反盗版举报邮箱 dd@hep.com.cn
通信地址 北京市西城区德外大街4号　高等教育出版社法律事务与版权管理部
邮政编码 100120

高等教育出版社

仅限教师索取

教学资源索取单

尊敬的老师：

您好！

感谢您使用张薇等编写的《基础会计综合模拟实训》。为便于教学，本书另配有课程相关教学资源，如贵校已选用了本书，您只要加入会计教师论坛 QQ 群，或者添加服务 QQ 号 800078148，或者把下表中的相关信息以电子邮件方式发至我社即可免费获得。

另外，我们研发有 8 门财会类课程试题库："基础会计""财务会计""成本计算与管理""财务管理""管理会计""税务会计""税法""审计基础与实务"。题库共 25 000 多道试题，知识点全覆盖，题型丰富，可自动组卷与批改。如贵校选用了高教社沪版相关课程教材，我们将免费提供给老师 8 门课程题库生成的各 6 套试卷及答案（Word 格式难中易三档），老师也可与我们联系获取更多免费题库资源。

我们的联系方式：

（以下 3 个"会计教师论坛"QQ 群，加任何一个即可享受服务，请勿重复加入）

QQ3 群：473802328　　QQ2 群：370279388　　QQ1 群：554729666

联系电话：(021)56961310/56718921　　地址：上海市虹口区宝山路 848 号　　邮编：200081

电子邮箱：800078148@b.qq.com　　服务 QQ：800078148（教学资源）

姓　名		性别		出生年月		专　业	
学　校				学院、系		教 研 室	
学校地址						邮　编	
职　务				职　称		办公电话	
E-mail						手　机	
通信地址						邮　编	
本书使用情况	用于______学时教学，每学年使用______册。						

您还希望从我社获得哪些服务？

☐ 教师培训　　☐ 教学研讨活动

☐ 寄送样书　　☐ 相关图书出版信息

☐ 其他____________________

账簿启用及接交表

<table>
<tr><td>单位名称</td><td colspan="8"></td><td colspan="8" rowspan="4"></td></tr>
<tr><td>账簿名称</td><td colspan="8">（第　　册）</td></tr>
<tr><td>账簿编号</td><td colspan="8"></td></tr>
<tr><td>账簿页数</td><td colspan="8">本账簿共计　　页
（本账簿页数检点人签字或盖章）</td></tr>
<tr><td rowspan="3">经管人员</td><td colspan="4">单位主管</td><td colspan="4">财务主管</td><td colspan="4">复核</td><td colspan="4">记账</td></tr>
<tr><td colspan="2">姓名</td><td colspan="2">盖章</td><td colspan="2">姓名</td><td colspan="2">盖章</td><td colspan="2">姓名</td><td colspan="2">盖章</td><td colspan="2">姓名</td><td colspan="2">盖章</td></tr>
<tr><td colspan="2"></td><td colspan="2"></td><td colspan="2"></td><td colspan="2"></td><td colspan="2"></td><td colspan="2"></td><td colspan="2"></td><td colspan="2"></td></tr>
<tr><td rowspan="2">接交记录</td><td colspan="8">经管人员</td><td colspan="4">接管</td><td colspan="4">交出</td></tr>
<tr><td colspan="4">职别</td><td colspan="4">姓名</td><td>年</td><td>月</td><td>日</td><td>盖章</td><td>年</td><td>月</td><td>日</td><td>盖章</td></tr>
<tr><td></td><td colspan="4"></td><td colspan="4"></td><td></td><td></td><td></td><td></td><td></td><td></td><td></td><td></td></tr>
<tr><td></td><td colspan="4"></td><td colspan="4"></td><td></td><td></td><td></td><td></td><td></td><td></td><td></td><td></td></tr>
<tr><td></td><td colspan="4"></td><td colspan="4"></td><td></td><td></td><td></td><td></td><td></td><td></td><td></td><td></td></tr>
<tr><td>备注</td><td colspan="4"></td><td colspan="4"></td><td></td><td></td><td></td><td></td><td></td><td></td><td></td><td></td></tr>
</table>

库存现金日记账

抽出凭证记录

抽出日期			抽出凭证名称	抽出原因	抽出人签字	经管人签字	归还日期			收件人
年	月	日					年	月	日	

抽出凭证记录

抽出日期			抽出凭证名称	抽出原因	抽出人签字	经管人签字	归还日期			收件人
年	月	日					年	月	日	

会计凭证封面

单位名称：
起止日期：自　　年　　月　　日起至　　年　　月　　日
凭证号数：自　　至
凭证册数：本月共　　册　本册是第　　册
原始凭证、汇总凭证张数：共　　张
全宗号：　　目录号：　　案卷号：　　保管年限：　　年
会计：　　复核：
装订人：　　年　　月　　日装订

会计凭证封面

单位名称：
起止日期：自　　年　　月　　日起至　　年　　月　　日
凭证号数：自　　至
凭证册数：本月共　　册　本册是第　　册
原始凭证、汇总凭证张数：共　　张
全宗号：　　目录号：　　案卷号：　　保管年限：　　年
会计：　　复核：
装订人：　　年　　月　　日装订

会计凭证封面

单位名称：
起止日期：自　　年　　月　　日起至　　年　　月　　日
凭证号数：自　　至
凭证册数：本月共　　册　　本册是第　　册
原始凭证、汇总凭证张数：共　　张
全宗号：　　目录号：　　案卷号：　　保管年限：　　年
会计：　　复核：
装订人：　　年　　月　　日装订

会计凭证封面

单位名称：
起止日期：自　　年　　月　　日起至　　年　　月　　日
凭证号数：自　　至
凭证册数：本月共　　册　　本册是第　　册
原始凭证、汇总凭证张数：共　　张
全宗号：　　目录号：　　案卷号：　　保管年限：　　年
会计：　　复核：
装订人：　　年　　月　　日装订

抽出凭证记录

抽出日期			抽出凭证名称	抽出原因	抽出人签字	经管人签字	归还日期			收件人
年	月	日					年	月	日	

抽出凭证记录

抽出日期			抽出凭证名称	抽出原因	抽出人签字	经管人签字	归还日期			收件人
年	月	日					年	月	日	

库存现金日记账

账簿启用及接交表

<table>
<tr><td>单位名称</td><td colspan="8"></td><td colspan="8" rowspan="4"></td></tr>
<tr><td>账簿名称</td><td colspan="8">（第　　册）</td></tr>
<tr><td>账簿编号</td><td colspan="8"></td></tr>
<tr><td>账簿页数</td><td colspan="8">本账簿共计　　页
（本账簿页数检点人签字或盖章）</td></tr>
<tr><td rowspan="3">经管人员</td><td colspan="4">单位主管</td><td colspan="4">财务主管</td><td colspan="4">复核</td><td colspan="4">记账</td></tr>
<tr><td colspan="2">姓名</td><td colspan="2">盖章</td><td colspan="2">姓名</td><td colspan="2">盖章</td><td colspan="2">姓名</td><td colspan="2">盖章</td><td colspan="2">姓名</td><td colspan="2">盖章</td></tr>
<tr><td colspan="2"></td><td colspan="2"></td><td colspan="2"></td><td colspan="2"></td><td colspan="2"></td><td colspan="2"></td><td colspan="2"></td><td colspan="2"></td></tr>
<tr><td rowspan="2">接交记录</td><td colspan="8">经管人员</td><td colspan="4">接管</td><td colspan="4">交出</td></tr>
<tr><td colspan="4">职别</td><td colspan="4">姓名</td><td>年</td><td>月</td><td>日</td><td>盖章</td><td>年</td><td>月</td><td>日</td><td>盖章</td></tr>
<tr><td></td><td colspan="4"></td><td colspan="4"></td><td></td><td></td><td></td><td></td><td></td><td></td><td></td><td></td></tr>
<tr><td></td><td colspan="4"></td><td colspan="4"></td><td></td><td></td><td></td><td></td><td></td><td></td><td></td><td></td></tr>
<tr><td></td><td colspan="4"></td><td colspan="4"></td><td></td><td></td><td></td><td></td><td></td><td></td><td></td><td></td></tr>
<tr><td>备注</td><td colspan="4"></td><td colspan="4"></td><td></td><td></td><td></td><td></td><td></td><td></td><td></td><td></td></tr>
</table>

日记账封底

银行存款日记账

账簿启用及接交表

单位名称												
账簿名称				（第　　册）								
账簿编号												
账簿页数	本账簿共计　　页 （本账簿页数检点人签字或盖章）											
经管人员	单位主管		财务主管		复核				记账			
	姓名	盖章	姓名	盖章	姓名		盖章		姓名		盖章	
接交记录	经管人员				接管				交出			
	职别		姓名		年	月	日	盖章	年	月	日	盖章
备注												

日记账封底

总　账

<table>
<tr><td>单位名称</td><td colspan="6"></td><td colspan="2" rowspan="3"></td></tr>
<tr><td>所属年度</td><td></td><td colspan="5">装订册次　第　册（共　）册</td></tr>
<tr><td>起讫页码</td><td colspan="6">自　第　页至第　页（共　页）</td></tr>
<tr><td rowspan="3">经管人员</td><td colspan="2">单位主管</td><td colspan="2">财会主管</td><td colspan="2">记账</td><td colspan="2">装订</td></tr>
<tr><td>姓名</td><td>盖章</td><td>姓名</td><td>盖章</td><td>姓名</td><td>盖章</td><td>姓名</td><td>盖章</td></tr>
<tr><td></td><td></td><td></td><td></td><td></td><td></td><td></td><td></td></tr>
<tr><td>全宗号</td><td></td><td>目录号</td><td></td><td>案卷号</td><td></td><td>保管期限</td><td>年</td><td></td></tr>
<tr><td>备注</td><td colspan="8"></td></tr>
</table>

总账封底

明 细 账

单位名称								
所属年度		装订册次　第　册（共　）册						
起讫页码	自　第　页至第　页（共　页）							
经管人员	单位主管		财会主管		记账		装订	
	姓名	盖章	姓名	盖章	姓名	盖章	姓名	盖章
全宗号		目录号		案卷号		保管期限	年	
备注								

明细账封底

会计报表

（资产负债表、利润表）

会计报表封底

( )年 / ( )月 第( )号至第( )号 第( )册 / 共( )册

请沿虚线裁剪

( )年 / ( )月 第( )号至第( )号 第( )册 / 共( )册

折 叠 线

包角说明:

该面朝上，与凭证左上角对齐，在黑点处打孔、穿线并结紧后，沿折叠线往上折，将角的两翼往后折并用胶水粘紧。

包角说明:

该面朝上，与凭证左上角对齐，在黑点处打孔、穿线并结紧后，沿折叠线往上折，将角的两翼往后折并用胶水粘紧。

折 叠 线